ジュニアサッカー

クーバー・コーチング バイブル

1対1に強くなるトレーニング

[監修] アルフレッド・ガルスティアン
[著者] クーバー・コーチング・ジャパン

KANZEN

はじめに
Prologue

「Beautiful Game」を子どもたちに伝えたい

　指導経験のある方はもうお気づきかもしれませんが、「何を」教えればよいのかがわかっただけでは、よい指導は行えません。「どのように教えればよいか」という部分も同じぐらい重要になります。

　この本では「何を」(ドリルやゲームなどのトレーニングメニュー) と「どのように」(スキルを効果的に使えるようにするための段階的＜ステップバイステップ＞指導法) を紹介しています。

　多くのスポーツに共通することですが、テクニックとは基本的には「反復」を通して身につけていくものです。私たちが行う指導でも「反復練習」が第1のステップとなります。しかし、同じことをくり返し行う「反復練習」は、小さい子どもにすれば退屈なものに感じてしまうかもしれません。だからこそ、ゲームやドリルなどの練習メニューに工夫を凝らし、子どもたちに「自分は同じことばかりやっている」と感じさせず、「楽しい！」と思ってもらわなければならないのです。

　選手が、その第1のステップをうまくこなすことができるようになったら、次のステップに行きましょう。次のステップでは、さらに複雑な動きを取り入れた反復練習を課し、「ストレスをかける（難易度を上げる）」ようにしてみてください。

　そして最後に第3のステップ。選手たちが、ゲームの中でスキルを効果的に使えるようになることを主として、指導をしていきます。これができるようになったら「成功」です。つまり、スキルを身につけたことになります。

　私たちは、この第1～第3のステップを「The Coerver®Skill Conversion Bridge（スキルの実践力養成教程）」と銘打ち、指導を実践しています。「チームワーク」や「勝敗」はもちろん重要ですが、成長段階の選手には「楽しむこと」そして「スキルを実戦で効果的に使えるという自信を得ること」も非常に重要です。

　私は数々の金字塔を打ち立てたプレーヤーであるペレが表現した「Beautiful Game（美しいゲーム）」を子どもたちに伝えることが、コーチの役割であると感じています。この本を通して何らかの形で皆様のお役に立てることを願っています。

監修者紹介

アルフレッド・ガルスティアン
Alfred Galustian

クーバー・コーチングの共同創始者であり、インターナショナルディレクター。ヨーロッパ、アメリカ、アジア、そしてアフリカといった国々でクーバー・コーチングの普及活動を行ってきた総責任者。プレーヤーとしては、イングランドのウィンブルドンでサッカーのキャリアをスタートした。現在フランス・イングランドサッカー協会のテクニカルアドバイザーとしても活動しているアルフレッドは、テクニカルコーチ、あるいはコーチのインストラクターとしてブラジル、日本、中国などのサッカー協会や、バイエルン・ミュンヘン、ＡＣミラン、ニューカッスル・ユナイテッドやアーセナルなどのプロクラブで指導を行った経歴がある。また、現在はスペシャル・オリンピックスのグローバルフットボールアンバサダーも務めている。

「クーバー®」とクーバー・コーチングの「ロゴ」はスポーツメソッドとスポーツメソッドアジアによって商標登録されています。

HISTORY

クーバー・コーチングの発祥・歴史

　現役選手としてのキャリアを早い時期に終え、サッカーの指導を始めた当初、「選手たちにサッカーの『素晴らしさ』を実感してもらえるような指導をしたい」と思っていましたが、その当時どのような指導が選手にとって理想的なのか、わかりませんでした。

　1983年、アメリカのフィラデルフィアにて行われた「サッカーカンファレンス（サッカー関係者が集まる祭典のようなもの）」に、私はパートナーのチャーリー・クック（元チェルシー・スコットランド代表）と参加しました。巨大な敷地内にたくさんの展示物や展示ブースがあり、その一角で、ウィール・クーバー氏（元フェイエノールト監督）が、4人の子どもたちにボールを持ったときのターンの方法について指導をしていました。私たちは興味を持ち、そのブースに入りました。そして、気づいたときには彼の指導に見入っていました。当時1対1を練習のテーマとした指導を見たことがなかった私たちにとっては、非常に斬新な内容に映ったのです。

　私たちは、クーバー氏の提唱する『若い選手の個人のスキル向上』というコンセプトに深く共感しました。そのコンセプトに感銘を受けた私たちは、クーバー氏に敬意を表する意味で「クーバー」という名前を使わせてもらえるよう彼に交渉。翌年の1984年に「クーバー・コーチング」を立ち上げました。

　プログラムを始めた当初は、いくつかの「ムーブス（フェイントなどの動きのこと）」しかありませんでしたが、10年以上の試行錯誤の末、1997年に私とチャーリーの2人で「クーバー®・コーチング選手育成ピラミッド」というカリキュラムを体系立てました。今思えば、このことは私たちクーバー・コーチングにとって、飛躍的な進歩を遂げる発明だったと考えています。

　1対1という項目しかなかったそれまでのプログラムと違い、新カリキュラムにはサッカーをプレーする上で必要となるすべてのスキルを組み込むことができたのです。このときから「スキルを教えること」と同じくらい「選手たちが試合中、スキルを効果的に使えるようになることの指導」も重要であると、私たちは強く感じるようになったのです。

PHILOSOPHY

クーバー・コーチングの哲学

　私は、指導法を確立するには、サッカーに対する考え方や哲学がなければならないと感じています。私の考え方・哲学は次の通りです。

◆ 8歳～15歳の「ゴールデンエイジ」期は個人技術の成長が著しく、その個人技術をベースにその他サッカーに必要な要素を積み重ねていくことができる。
◆ チーム戦術が成功するかどうかは、個人の質が大きく影響する。
◆ 「スキル」自体を教えることと、「スキルを効果的に使うこと」を教えるのは異なる。
◆ スキルを習得するためのトレーニングは、精神面や身体の能力なども向上させる効果がある。
◆ テクニカルコーチの育成は、他分野のコーチ育成よりも遅れている。

TECHNIQUE

コアスキル

　これらの考え方・哲学を基にして、私たちが重要視している内容は、以下にあげる項目になります。私たちはこれを「コアスキル」と呼んでいます。

[1] ボールマスタリー(基礎)
[2] ラン・ウィズ・ザ・ボール
[3] 1v1
[4] ファーストタッチ
[5] パス／シュート（14歳以下の選手にとっては「蹴る」という点で共通するテクニック）

クーバー・コーチング的 1対1総論

クーバー・コーチングでは、1対1の攻撃スキルを大きく3つのカテゴリーに分けています。

◆フェイント（Feints）：本書紹介テクニック→シザーズ・ステップオーバー
◆方向転換（Change of Direction）：本書紹介テクニック→ステップオン・インサイドカット
◆ストップ＆スタート（Stop & Starts）：本書紹介テクニック→プルプッシュ

フェイント

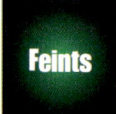

How　どういったプレーなのか？

ディフェンダーのプレッシャーを外して、突破のためのスペースを作り出し、パスやシュート、ラン・ウィズ・ザ・ボール（ドリブル）を行うためのもの。

When　フェイントが効果を発揮する局面はいつか？

● ディフェンダーが正面にいるとき。
● 相手ゴールに背を向け、自分の背中方向から相手のプレッシャーを受けているとき。

Where　有効なのはどこのエリアか？

● 相手ペナルティーエリアの外側：DFを抜けばシュートできる。
● 相手陣内のサイドエリア：ディフェンダーのプレッシャーを外し、クロスを上げたり、サイドから中央へ切り込むことができる。

● 攻撃　▲ 守備　○ ボール

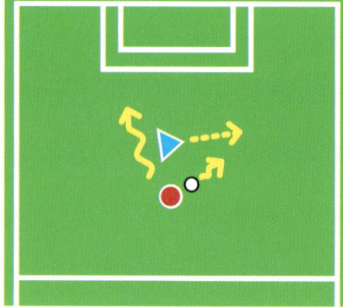
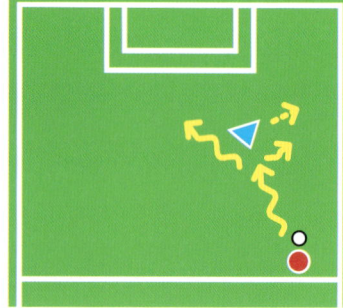

この選手のプレーから学ぶ！

カカ　　　　　　　　　　　　　　　*Kaka*

サッカー王国ブラジルが生み出した天才プレーヤー。2007年には、FIFA年間最優秀選手賞とバロンドールをダブル受賞。史上9人目の快挙を成し遂げた。長いストライドとボディバランスを活かしたドリブルは相手の脅威となっている。

PHOTO/赤木真二

中村俊輔　　　　　　　　　*Shunsuke Nakamura*

言わずと知れた日本サッカー界の至宝。スコットランドの名門・セルティックFCの中心選手としてリーグ制覇はもちろん、UEFAチャンピオンズリーグでも得点を記録。持ち味である正確なキックを活かすためにフェイントを用いることが多い。

PHOTO/赤木真二

1対1総論

Change of Direction

方向転換

How　どういったプレーなのか？

プレッシャーをかけにくるディフェンダーからボールをシールド（＝shield。「さえぎる」という意味。本書では、ボールとディフェンダーの間に自分の身体を入れてボールを保持することをいう）しながら、オープンスペースへ向かうためターンすること。

When　効果を発揮する局面はいつか？

● ディフェンダーが左右どちらかのサイドからプレッシャーをかけてきたとき。
● ディフェンダーがアタッカーのドリブルに並走しているとき。

Where　有効なのはどこのエリアか？

● 相手ペナルティーエリア前：ゴールチャンスをつくることができる。
● より相手ゴールに近いサイドエリア：クロスボールやシュートチャンスにつながる。

● 攻撃　▲ 守備　○ボール

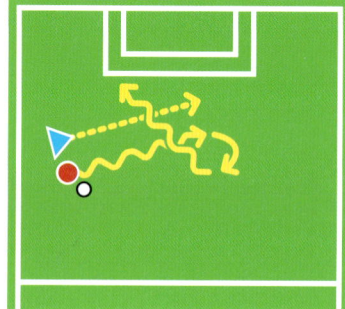 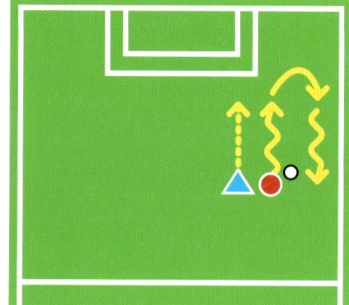

この選手のプレーから学ぶ!

スティーブン・ジョージ・ジェラード　*Steven George Gerrard*

リヴァプールFC、そしてイングランド代表の中心プレーヤー。ミドルシュートを打たせたら、彼の右に出る者はいない。強烈なキックという武器があるからこそ、相手DFも身体を投げ出さずにはいられず、方向転換が絶大な効果を発揮する。

PHOTO/赤木真二

アリエン・ロッベン　*Arjen Robben*

一瞬にしてゲームの流れを引き寄せるほどの果敢な突破でチャンスを生み出すドリブラーの1人。100m10秒台のスピードを活かして直線的に仕掛け、方向転換でDFを置き去りにする。クラブはもちろん、オランダ代表にも欠くことができない存在だ。

PHOTO/赤木真二

1対1総論

ストップ&スタート

Stop & Starts

| How | どういったプレーなのか？ |

ディフェンダーが自分の横からプレッシャーを掛けてくる状況において、ドリブルのペースを急激に緩めた後に加速することで、相手のプレッシャーのタイミングを外し、突破のためのスペースを作る。

| When | 効果を発揮する局面はいつか？ |

- 相手ゴール前をゴールラインと平行に横切っている状況で、ディフェンダーがゴール側からプレッシャーをかけてきたとき。
- サイドで相手ゴール方向へドリブルしている状況で、横からプレッシャーをかけられ、相手が進行方向にいないとき。

| Where | 有効なのはどこのエリアか？ |

- 相手陣内の両サイド：タテ方向へ突破のためのスペースを創造することができる。
- 相手ゴール前：相手のプレッシャーのタイミングが一瞬外れることでシュートチャンスを生み出すことができる。

● 攻撃　▲ 守備　○ ボール

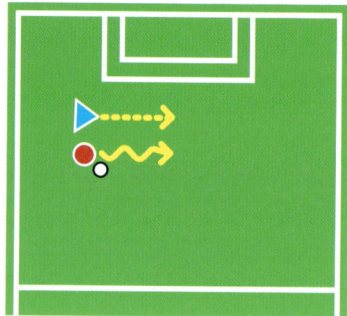
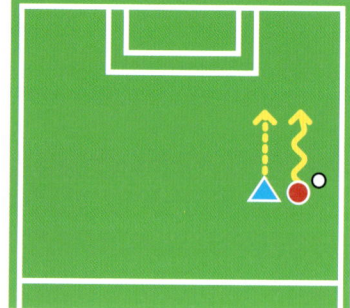

この選手のプレーから学ぶ！

リオネル・アンドレス・メッシ　*Lionel Andres Messi*

マラドーナの後継者と称される、世界最高峰のテクニックを有したプレーヤー。限られたスペースをも苦にしないタッチ数の多いドリブルが特徴で、相手のバランスを崩してからの加速度は圧巻。一瞬にして相手を置き去りにしてしまう。

PHOTO／赤木真二

ティエリ・ダニエル・アンリ　*Thierry Daniel Henry*

左サイドを突破し、インフロントキックでサイドネットにボールを流し込むのがアンリお得意の得点パターン。プレミアリーグ時代には、歴代最多となる4度の得点王を受賞している。持ち前のスピードを活かした緩急で、DFラインを切り裂く。

PHOTO／赤木真二

目次

はじめに　クーバー・コーチングとは？	2
クーバー・コーチング的　1対1総論	6
本書の使い方	15
DVDの使い方	16

Chapter 1　Feints フェイント

● シザーズとは？　　　　　　　　　　　　　　　　　　　18
  Step1：NO PRESSURE　／止まった状態でやってみよう　　20
  Step2：NO PRESSURE　／ドリブルしながらやってみよう　22
  Step3：LTD PRESSURE　／相手を想定してやってみよう　　24
  Step4：FULL PRESSURE　／相手が守っている状態でトライ　26
  Step5：FULL PRESSURE　／ゲームの中でトライ　　　　　30
  バリエーション①　／ドラッグシザーズ　　　　　　　　32
  バリエーション②　／ダブルシザーズ　　　　　　　　　34

● ステップオーバーとは？　　　　　　　　　　　　　　　36
  Step1：NO PRESSURE　／止まった状態でやってみよう　　38
  Step2：NO PRESSURE　／ドリブルしながらやってみよう　40
  Step3：LTD PRESSURE　／相手を想定してやってみよう　　42
  Step4：FULL PRESSURE　／相手が守っている状態でトライ　44
  Step5：FULL PRESSURE　／ゲームの中でトライ　　　　　48
  バリエーション①　／ダブルステップオーバー　　　　　50
  バリエーション②　／スラップステップオーバー　　　　52

Chapter 2　Change of Direction 方向転換

● ステップオンとは？　　　　　　　　　　　　　　　　　　　56
Step1 : NO PRESSURE　／　止まった状態でやってみよう　　　58
Step2 : NO PRESSURE　／　ドリブルしながらやってみよう　　60
Step3 : LTD PRESSURE　／　相手を想定してやってみよう　　　62
Step4 : FULL PRESSURE　／　相手が守っている状態でトライ　64
Step5 : FULL PRESSURE　／　ゲームの中でトライ　　　　　　68
バリエーション　　　　　／　ダブルステップオン　　　　　　70

● インサイドカットとは？　　　　　　　　　　　　　　　　　72
Step1 : NO PRESSURE　／　止まった状態でやってみよう　　　74
Step2 : NO PRESSURE　／　ドリブルしながらやってみよう　　76
Step3 : LTD PRESSURE　／　相手を想定してやってみよう　　　78
Step4 : FULL PRESSURE　／　相手が守っている状態でトライ　80
Step5 : FULL PRESSURE　／　ゲームの中でトライ　　　　　　84
バリエーション　　　　　／　フェイクインサイドカット　　　86

Contents

Chapter 3　Stop & Starts ストップ&スタート

●プルプッシュとは？		90
Step1：NO PRESSURE	／止まった状態でやってみよう	92
Step2：NO PRESSURE	／ドリブルしながらやってみよう	94
Step3：LTD PRESSURE	／相手を想定してやってみよう	96
Step4：FULL PRESSURE	／相手が守っている状態でトライ	98
Step5：FULL PRESSURE	／ゲームの中でトライ	102
バリエーション	／ハイウェーブ	104

おわりに	107
[COLUMN　年代別指導ポイント]	
U-9に対して	54
U-12に対して	88
U-15に対して	106

ジュニア年代の子どもたちに適した効果的なトレーニングを課そうとしても、「何をしたらいいのかわからない」という方も多いのでは？ぜひとも本書を活用して、選手の可能性を伸ばしてあげてください。

本書の使い方

どんなレベルのプレーヤーにもマッチするステップ・バイ・ステップのトレーニングで、子どもがうまくなる！

1 映像を見る

このマークがついているトレーニングは、DVDに収録されています。本書と映像を併用することでより一層詳細がわかりやすくなります。

2 内容をチェック

トレーニングを行うための準備の仕方や進め方について記しています。まずはトレーニングの意図を理解してから、読み進めてください。

3 連続写真で見る

連続写真を多用することで、テクニックを行う際の身体の動きやトレーニングの"流れ"がつかめるようになっています。

4 ポイントをつかむ

トレーニングを行うとき、子どもたちが行いがちなプレーを記しています。何が問題なのか、明確に把握できるようになっています。

5 アドバイス

問題点がわかったなら次は修正です。指導者がどのような声をかけて導けばいいのか、具体的な言葉のアドバイスが記されています。

6 変化を知る

悪いプレーと正しいプレーを見比べられるようになっています。子どもたちにこのようなプレーの変化があれば、OKです。

DVDの使い方

撮り下ろし映像30分
**指導者も選手も
スキルアップできるDVD**

この付属DVDでは、フェイントのカテゴリーである「シザーズ」と「ステップオーバー」の実際のトレーニングの様子を見ることができます。本書と連動していますので、DVDと書籍とを併用しながら、1対1に強くなるためのスキル上達方法を手に入れてください。

どんなトレーニングをすればいいのか？

選手にいつ声をかけるのか？

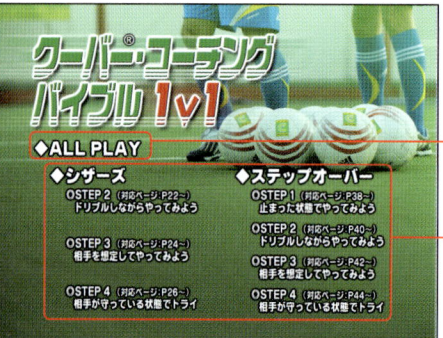

◆最初からすべての映像を通して見ることができます。

◆シザーズはSTEP2〜STEP4、ステップオーバーはSTEP1〜STEP4まで、本書に記してあるトレーニング内容を動画で見ることができます。

DVDに関する注意

● 本書付録のDVDはDVD−VIDEO（映像と音声を高密度で記録したディスク）です。DVD−VIDEO対応のプレーヤーで再生してください。DVD再生機能を持ったパソコン等でも再生できますが、動作保証はできません（パソコンの一部機種では再生できない場合があります）。不都合が生じた場合、小社は動作保証の責任を負いませんので、あらかじめご了承ください。

● ディスクの取り扱いや操作方法は再生するプレーヤーごとに異なりますので、ご使用になるプレーヤーの取り扱い説明書をご覧ください。

● 本DVDならびに本書に関するすべての権利は、著作権者に留保されます。著作権者の承諾を得ずに、無断で複写・複製することは法律で禁止されています。また、本DVDの内容を無断で改変、第三者へ譲渡・販売すること、営利目的で利用することも法律で禁止されております。

● 本DVD、または本書において、乱丁・落丁・物理的欠陥があった場合は、小社までご連絡ください。

どのように間違いを正すのか？

Chapter 1

Feints フェイント

ノザーズ・ステップオーバー

シザーズとは?

足をはさみのように開いてボールをまたぐことから名づけられた。ゴール前ではシュートに直結するフェイントだ。

1 ▲ボールを見てモーションに入る。

2 ▲アウトサイドでボールを持ち出すように。

3 ▲ボールの前方に足を通してまたぐ。

4 ▲着地した足で踏ん張る。

5 ▲逆足のアウトサイドでボールを押し出す。

6 ▲反対方向へボールを持ち出す。

POINT
使うのはココの位置！

相手ゴールをほぼ正面に見ることができ、なおかつペナルティーエリア周辺であれば、シザーズを使う価値は大いにある。ディフェンダーを振り切ったら、すぐにシュートを打つ意識を持とう。ただし、ゴール前はスペースも少ない。シザーズを使う前に、スペースと相手の位置を確認する判断力が必要だ。

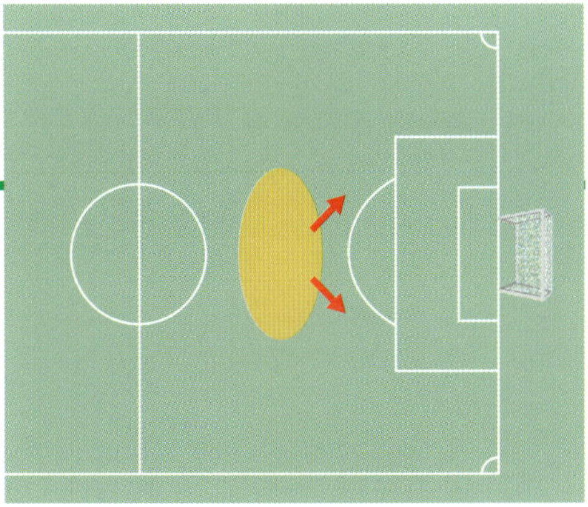

POINT
目的と効き目を知る！

ボールをまたぐ（持ち出すふりをする）ことにより、一方に動いたディフェンダーの逆側に、突破のためのスペースを作ることができる。また、シザーズの動きをダブル、トリプルで連続して行うことにより、ディフェンダーをまどわせ、ディフェンダーの動きが固まった隙をつき、突破することが可能になる。

▲ディフェンダーがフェイントのモーションに引っかかり、スペースができている。

Step 1 No Pressure

止まった状態でやってみよう

まずはシザーズの動きを体に覚えさせることが大事。止まった状態で、ディフェンダーをつけずに行うトレーニングから始めよう。

準備
- 1つのマーカーを中心に置く。
- 適度に距離を保ち、2人がそれぞれボールを持って向かい合う。

進め方
1. その場でジョギング（足踏み）をして待つ。
2. コーチの合図で片方の足でシザーズのまたぐ動作のみを行う。
3. またぎ終えたら、ジョギングを継続しながら、コーチの次の合図を待つ。

POINT 足を高く上げすぎてまたいでしまい、ボールを持ち出すフリになっていない。

Coach's advice
ボールの近くを、地面すれすれでまたごう！

POINT ディフェンダーが引っかからないくらい、またぐ動作が小さい。

Coach's advice
またぎの動作は大きく行おう。またいだ足を、なるべく遠くに着地するようにすると動きが大きくなるよ！

トレーニングを発展させてみよう！

進め方

1. マーカーを挟んで2人が向かい合い、コーチの合図でシザーズを行う。
2. 突破をイメージして反対の足でボールを逆側に持ち出すプレーまで行う。きちんとコントロールして止めることが大事。
3. ボールと一緒に体がついていくイメージを持たせる。

発展POINT ボールの動きに対して、体がついていっていない。

発展POINT フェイント後、すばやく突破しようとボールを強くタッチしすぎてコントロールを失ってしまう。

Coach's advice
フェイントのあとは、突破をイメージしてすばやくボールにタッチして移動しよう！

Coach's advice
スピードが上がった状況でもコントロールできるようタッチを調整しよう！

Step2 No Pressure ドリブルしながらやってみよう

DVD収録

止まった状態でシザーズができるようになったら、ドリブルをしながら行えるように難度を一段階上げて練習をしよう。

▲ 準備
- 15m四方のグリッド（黄マーカー）の中に2m四方のグリッド（赤コーン）を配置。
- 選手は各マーカー（黄）の後ろに1列に並ぶ。

進め方
1. コーチの合図で先頭の選手は内側にある一番近いコーン（赤）に向かってドリブル。
2. コーン（赤）の前まできたらシザーズし、隣のマーカー（黄）へドリブル。
3. 隣のマーカー（黄）の列に並ぶ。

POINT
フェイントの前後でドリブルのスピードに変化がなかったり、ボールをタッチしすぎたりしてスピードに乗れていない。フェイント後、遅いとディフェンダーを振り切れず、追いつかれてしまう。

これはダメ！

Coach's advice

フェイント前はゆっくり→フェイント後は速く。スピードの変化をつけよう！ フェイント後のボールタッチは、スピードに乗れるよう少し大きめに。

トレーニングを発展させてみよう！

進め方
1. 真ん中のコーン（赤）を1つにしてディフェンダーに見立てる。
2. コーンの前まできたらシザーズし、隣のマーカーへドリブル。
3. 隣のマーカーの列に並ぶ。
4. コーンや隣の仲間にぶつからないように、シザーズを仕掛ける適切な間合いを身につける。

発展POINT フェイントを仕掛ける間合いが適切でなく、隣の仲間にぶつかってしまう。

Coach's advice
コーンに近づきすぎてからフェイントしようとすると隣の仲間にぶつかってしまうよ。もう少し、間合いを取ってフェイントしよう！

発展POINT 左足でシザーズ後、右足で突破をするが、右足で何回も触ってしまう。

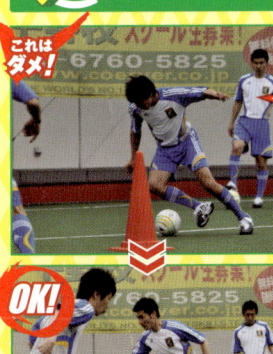

Coach's advice
フェイントした後は相手を振り切るために加速したいよね。何度もタッチするよりタッチ数を少なくしたほうがスピードに乗れるよ！

Step3 LTD Pressure
相手を想定してやってみよう

DVD収録

ディフェンダーを想定して行うことで、いつ、どのようにフェイントを仕掛ければよいかの間合い＆タイミングをつかむ。

⚠ 準備
- 10m四方のグリッド（黄マーカー）を作る。
- 中央の4つのコーン（赤）にディフェンダー役の選手を配置（ボールを持つ）。
- 外側の4つのマーカー（黄）にアタッカー役の選手が待機する。

進め方
1. ディフェンダー役の選手がアタッカー役にボールをパス。ディフェンダー役はパスしたら、プレッシャーをかける（ボールは取らない）。
2. アタッカー役の選手は、ディフェンダー役の選手をシザーズで抜き、反対側コーン（赤）へ移動。

POINT シザーズを仕掛けるタイミングが遅く、相手にぶつかってしまう。

Coach's advice
動いて前に出てくる相手をよく見て！シザーズを仕掛けるときは相手との間合いに注意しよう。

POINT 間合いよくシザーズを仕掛けられるが、フェイント後、加速していない。

Coach's advice
フェイント後は、相手を振り切るイメージで加速しよう！

トレーニングを発展させてみよう！

進め方

1. 距離を広げ、ディフェンダーの後方にスペースを設けることで、実戦感覚に近づける。
2. 同じ色のビブスを着た選手がペアになり、ディフェンダー役が対角にパスし、プレッシャーかける。
3. ボールを受けたアタッカーはドリブルし、シザーズを仕掛けてディフェンダーを抜く（ディフェンダーはプレッシャーをかけるだけでボールは取らない）。
4. 突破のあとはスピードに乗って、対角のマーカーまで移動。
5. 役割を変えて、順番でくり返す。

シザーズを適切な間合いで仕掛けられていないため、敵がフェイントに引っかからない。

Coach's advice
シザーズを仕掛けるときの間合いに注意しよう。近すぎず、遠すぎず、ディフェンダーから近づいてくる動きやアプローチの速さをよく見て仕掛けよう。

間合いよくシザーズを仕掛けられるが、フェイント後に加速していない。

Coach's advice
フェイント後は、ディフェンダーを振り切るイメージで加速しよう。フェイント後、ボールタッチ数を少なくすると加速しやすいよ。

Step4 ① Full Pressure 相手が守っている状態でトライ

DVD収録

厳しいプレッシャーをかけてくるディフェンダーを相手に、シザーズを試してみよう。

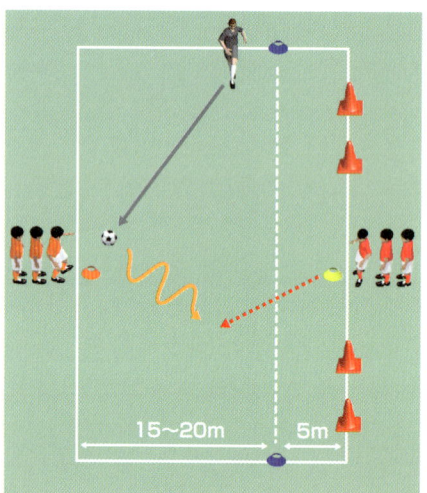

⚠ 準備
- タテ20〜25m×ヨコ10〜15mのグリッドを作る。
- 一方のエンドライン上にゴールを2つ設置。
- 2つのゴールをディフェンダー（赤）が守る。
- アタッカー（黄）は、2つのゴールと反対側のエンドに1列に並ぶ。

進め方
1. コーチがアタッカー（黄）にパスをしたら1対1をスタート。
2. アタッカー（黄）はいずれかのゴールにシュートを決めたら勝ち。
3. ゴール手前5mに設置されたゾーンを越えたらシュートが可能となる。

連続写真で見てみよう

▲コーチがアタッカーにパスをして1対1がスタート。

▲適切な間合いでシザーズを仕掛ける。

▲突破のあとはスピードを上げて相手を振り切る。

▲5mのゾーンに入ったらシュートが可能。

Scissors

POINT 適切な間合いでフェイントが仕掛けられていない。

Coach's advice
ディフェンダーの姿勢や向かってくるスピードを見よう。そして適切な間合いでシザーズを行おう！

POINT シザーズでディフェンダーの逆をつき、うまくスペースを作れたが、突破のときにスピードが上がらず、追いつかれてしまう。

Coach's advice
突破のときは加速しよう。フェイント後、スペースを作れても、加速しないとディフェンダーに追いつかれるよ。

POINT シザーズを利用してうまく突破できたが、シュートが不正確でゴールが奪えない。

Coach's advice
ゴールを必ず奪おう！フェイントで華麗にディフェンダーをかわしてもゴールを決められなければ本末転倒だよ。

Step4 ② Full Pressure 相手が守っている状態でトライ

DVD収録

🔺 準備
- アタッカー（黄）vsディフェンダー（赤）で対戦。
- フリーマン（青）はサイドライン上を動き、常にアタッカーの味方となる。
- GKを置く。

🅿 進め方
1. アタッカーがドリブルを開始してディフェンダーとの1対1を行う。
2. アタッカーはフリーマンを自由に使える。
3. フリーマンは、1～2タッチでアタッカーにリターンパスをしなければならない。

連続写真で見てみよう

▲目線を上げながらドリブル開始。

▲適切な間合いでシザーズを仕掛ける。

▲フェイント後加速してディフェンダーを振り切る。

▲シュートは確実に決めよう。

Scissors

シザーズ / Feints

POINT 攻撃者が「シザーズばかりで突破を試みる」または、「フリーマンへパスばかりをする」ので、守備者が守りやすい状況にある。

これはダメ！

Coach's advice
パスをするのか、フェイントで抜いていくのか、どちらも行えるようなボールの持ち方をしよう。

POINT シザーズを利用してうまく突破できたが、シュートが不正確でゴールが奪えない。

Coach's advice
ゴールを必ず奪おう！フェイントで華麗にディフェンダーをかわしてもゴールを決められなければ本末転倒だよ。

Step5 Full Pressure ゲームの中でトライ

効果的にシザーズが使えるようになるには、ゲームの中で挑戦するのが一番。相手の逆をついて、スペースを狙おう。

🔺 準備

- 45×25m程度の大きさのミニゲームコートを作る。
- 3人1組のチームを作り、3対3で対戦する。
- フリーマンの2名はタッチライン際を自由に移動し、常にボールを保持しているチームの味方になる。
- GKは入らない。

進め方

1. ボールを保持しているチームは、フリーマンを有効に活用して常に数的優位の状況を作り、攻撃の選択肢を増やす。
2. ボールがラインを割ったり、ゴールが決まったりしたあとのリスタートは、コーチがコートの外からボールを配給する。
3. オフサイドを設定せず、思い切って攻撃させる。
4. ポジションは固定しない。積極的にポジションを変えてもよい。
4. 選手の年齢や体力によって時間を設定する。

POINT ディフェンダーや仲間がボール保持者の近くに集中している。そのため、シザーズを使って突破するためのスペースがなく、攻撃の動きが止まってしまう。

Coach's advice 攻撃側はどうすればスペースを作れるか考えよう。ボールを保持していない選手が広がれば、突破のスペースができるよ！

これはダメ！

OK!

POINT シザーズの動きを適切な間合いで行い、ディフェンダーの逆をついた。さらにスペースを突破して、ゴールを決めた。

Coach's advice ナイスプレー！　よいゴールを決めることができたね（よいプレーが出たら、大げさにでも褒める。1人の選手が褒められた状況を他の選手も見て、真似しようとする）。

POINT パス（またはシザーズ）ばかりを行うので、ディフェンダーが慣れてきた。

これはダメ！

Coach's advice パスかフェイントでの突破か、どちらのプレーもできるようにしておこう。そうすれば、ディフェンダーをまどわすことができるよね。パスの場合は積極的にフリーマンを活用しよう。フェイントで突破するときは、スペースがあるかどうかを見ておくことが大切だ。

バリエーション① The Drag Scissors ドラッグシザーズ

ドラッグは日本語で「引きずる」の意味。ボールを引きずるようにステップをしたあと、シザーズをして相手を抜き去る。

▲ドラッグシザーズのモーションに入る。

▲足のインサイドを使ってボールを引きずる。

▲ボールの前面をこするようにまたぐ。

▲またいだ足で踏ん張り、反対側へボールを押し出す。

▲ステップを踏みながら、体の前にボールを横切らせる。

▲軸足に体重をかけ、ボールが体の前を横切っているときにシザーズ。

▲アウトサイドでボールをタッチし、一気に加速して突破する。

▲スピードに乗って、ディフェンダーを振り切る。

相手のタイミングをまどわすドラッグシザーズ
スピードに乗って一気に前方のスペースをつく

足を引きずりながらボールをコントロールし、ディフェンダーとの間合いをはかる。相手にとってはタイミングが読みづらく、うかつに足を伸ばしてボールを取りに行くことができない。攻撃側のタッチライン際などで、前方にスペースがあるときに成功させると大きなチャンスにつながる。

バリエーション② ダブルシザーズ
The Double Scissors

シザーズを2回連続（右&左／左&右）して行い、
動きの固まった相手ディフェンダーを抜き去る。

▲最初にまたぐ足のほうでボールを持つ。

▲軸足に体重を乗せ、シザーズのモーションに入る。

▲今度は逆の足（写真は左足）でまたぐ。

▲着地した足で踏ん張り、アウトサイドでボールをタッチする。

▲片足（写真は右足）でボールをまたぐ。

▲またぎ終えた足が着地した瞬間、次のシザーズに入る。

▲少ないタッチですばやく相手を抜き去る。

▲スペースをついて一気に加速する。

シザーズを連続で行いディフェンダーをまどわす スペースをついてシュートのチャンスを狙おう

ボールを2回連続してまたぐことによって、ディフェンダーはどちらへボールを持ち出すのかがわからず体が固まってしまう。その隙をついてスピードに乗り、一気にスペースをつこう。ペナルティーエリアの周辺で使えば、シュートのチャンスが訪れるぞ。

ステップオーバーとは？

The Step Over

FEINTS フェイント
STOP&STARTS ストップ＆スタート
CHANGE OF DIRECTION 方向転換

プロ選手も多用する、試合に有効なフェイント。
ボールの横をかすめるように、すばやくまたいでスペースをつく。

▲ディフェンダーにボールを持ち出すかのように見せかける。

▲大きなモーションに入る。

▲そのままボールをまたぐ。

▲しっかり地面に着地。

▲上体をひねり、すばやく体を切り返す。

▲アウトサイドで逆方向にボールを押し出す。

POINT
使うのはココの位置！

相手のゴール前で使うのが効果的だ。この位置では1つの判断が大きな意味を持つ。それだけに「仲間にパスを出す」と思わせることができれば、決定的なチャンスになる。パスをすることが有効なのか、パスをするフリをして自らステップオーバーで突破することが有効なのか、その状況においての正しい判断が大切だ。

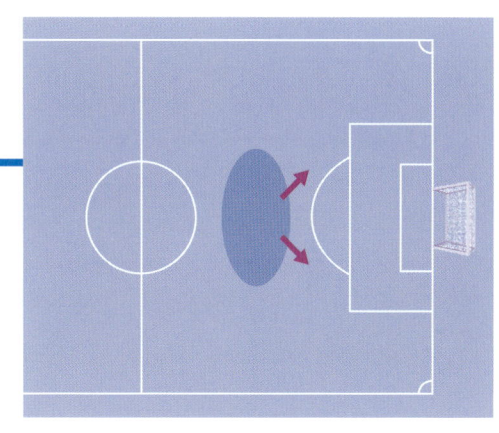

POINT
目的と効き目を知る！

一方に持ち出すフリをしながら、ボールの横をかすめるようにまたいでフェイントをかける。その動きにつられてディフェンダーの体重が傾くことで、反対側に突破のためのスペースが生まれる。ボールをまたぐモーションを大きく、速くすればするほど、ディフェンダーをまどわすことができる。

▲ボールをまたいだ右足に体重が乗った瞬間、ディフェンダーの体は大きく傾いている。この隙に、逆の空いたスペースを狙おう。

Step1 No Pressure 止まった状態でやってみよう

DVD収録

成功のカギを握るのは、大きく、速いフェイントの動きだ。まずはディフェンダーがいない状況でのトレーニングから始めよう。

準備
- マーカーで半径10mの円を作る。
- 円の外側にマーカー1個につき選手1名ずつ、各人ボールを1つ持って待機。
- ジョギングをしながらコーチの合図を待つ。

進め方
1. コーチの合図で、片方の足でステップオーバーの動作のみを行う。
2. 動作を終えたらジョギングを継続し、コーチの次の合図を待つ。

POINT 足を高く上げすぎてまたいでしまう（ボールを持ち出すフリにならない）。

これはダメ！

OK!

Coach's advice
（ボールを持ち出すフリだから）足はできるだけピッチに近いところで移動させよう。

POINT ディフェンダーが引っかからないくらい、またぐ動作が小さい。

これはダメ！

OK!

Coach's advice
またぎの動作は大きく行おう。ボールを通過した後は体ごと大きく踏み込むとディフェンダーは引っかかりやすくなるよ！

38

トレーニングを発展させてみよう！

1

2

3

進め方

1. コーチの合図でステップオーバー。
2. アウトサイドを使ってボールを押し出し、ステップオーバーをした足の側に向かってボールと一緒に移動する。
3. 隣のコーンの前でジョギングしてコーチの合図を待つ。

発展POINT ボールを持ち出す動きがゆっくりで、スピードに変化がない。

OK!

Coach's advice

フェイント後は突破をイメージして、すばやくボールにタッチし移動しよう！

発展POINT フェイント後、すばやく突破しようとするあまりボールを強くタッチしすぎてコントロールを失ってしまう。

これはダメ！

OK!

Coach's advice

スピードが上がった状況でもコントロールできるようタッチを調整しよう！

Step2 No Pressure ドリブルしながらやってみよう

DVD収録

難度を一段上げて、ドリブルをしながら練習。混雑した中で行うことにより、よりゲームの状況に近づけることができる。

準備
- マーカーで半径10mの円を作る。
- 円の外側にマーカー1個につき選手1名ずつ、各人ボールを持って待機。
- 選手にビブス（赤・青・黄）を配布し、ランダムに配置。

進め方
1. コーチが指定した色のビブスを着た選手だけが円の中にドリブルで入り、ステップオーバーをする。
2. その後、目線を上げて空いているマーカーを見つけ、移動する。

POINT
フェイント前後でドリブルのスピードが一定で、スピードに変化がない。また、フェイント後、ボールをタッチしすぎてスピードに乗れていない。

Coach's advice
フェイントの前後でスピードの変化をつけよう！フェイント後のボールタッチは、スピードに乗れるよう少し大きめに。タッチ数が多くなるとスピードに乗れないよ。

トレーニングを発展させてみよう！

1 → **2**  → **3**

進め方

1. コーチが指定するビブスの色は、1つとは限らない。
2. 指定されたビブスを着た選手は、円の中でステップオーバーを2～3回行う。
3. スペースが少なくなることで、ステップオーバーを仕掛ける間合いや突破後のスペースを見つける判断が難しくなる。

発展POINT

密集する場所でステップオーバーを行ってしまい、突破のためのスペースがなく、他の選手とぶつかってしまう。

これはダメ！ → **OK!**

Coach's advice

フェイントするには突破のためのスペースがないと成功しないよ。突破のスペースをイメージして、他の選手のいない場所を見つけ、そこでステップオーバーをしよう！

Step3 LTD Pressure
相手を想定してやってみよう

DVD収録

実際にディフェンダーをイメージして行うことで、いつ、どのようにフェイントを仕掛ければよいかをつかむ。

🔺 準備
- 10m四方のグリッド、中央にコーン（赤）を配置。
- 4つのマーカー（黄）にそれぞれボールを持ち2名ずつ配置。
- 対角に向かい合うグループが同じ色のビブスを着用。

📋 進め方
1. コーチが指定した色のビブスを着た先頭に立つ2選手がドリブルをして、真ん中のコーンへと向かう。
2. コーンの前でステップオーバーのフェイントを行い、対角にあるマーカーへドリブル。

POINT
ステップオーバーを仕掛けるタイミングが遅く、コーンや対角からきた選手にぶつかってしまう。

これはダメ！

OK!

Coach's advice
コーンに近づきすぎてからフェイントすると、コーンや前からきた選手にぶつかってしまうよ。もう少し間合いを取ってフェイントをしよう！

トレーニングを発展させてみよう！

1 **2** **3**

進め方

1. コーンの代わりにコーチが中央に立つ。
2. コーチはドリブルしてくる選手に向かってプレッシャーをかけたり、下がったりできる。ただし、ボールは取らない。
3. 前に出てきたり引いたりする相手にステップオーバーを仕掛けることで、適切な間合いを体で覚える。

発展POINT: コーチの動きをよく見ておらず、適切な間合いでステップオーバーを仕掛けられていない。

発展POINT: フェイントをしたあと、スピードに乗れていない。

これはダメ！

Coach's advice: 仕掛けるとき、相手との間合いに注意しよう。離れていれば相手に向かって、突っかける。近づいてくるようなら、早めにフェイントをかける。

OK!

Coach's advice: フェイント後、加速してスピードの変化をつけることを忘れないようにしよう！

OK!

Step4 ① Full Pressure
相手が守っている状態でトライ

DVD収録

本気で守備をするディフェンダーに、ステップオーバーを試してみる。まずは1対1の状況から始めよう！

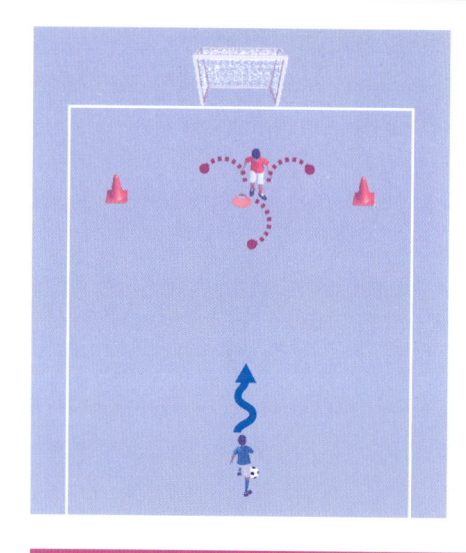

⚠️ 準備
- マーカーとコーンを図のように配置。
- アタッカー（青）はボールを持ち、ゴールから20m離れた位置で待機。
- ディフェンダー（赤）はマーカーの前に立つ。

📝 進め方
1. アタッカーはドリブルでディフェンダーのいるマーカーに向かってドリブル。
2. ディフェンダーはマーカーを中心に、前に1歩、右に1歩、左に1歩動くことができ、ボールカットを狙う。
3. ディフェンダーの前でステップオーバー。
4. ディフェンダーをかわした後、2つのコーンの間を通過しなければシュートを打つことができない。

連続写真で見てみよう

1 ▲適切な間合いでステップオーバーを仕掛ける。

2 ▲ディフェンダーの逆をついてすばやくスペースに進入する。

3 ▲コーンの間を通過したらシュート体勢。

4 ▲確実にゴールを決めよう。

ステップオーバー

POINT フェイントを仕掛ける間合いが近く、ディフェンダーにボールをカットされる。

Coach's advice: ボールをカットされたら、近すぎる位置でフェイントを仕掛けているということだよ。適切な間合いで行おう！

これはダメ！ → OK!

POINT 相手を突破したあとのタッチが大きくなりすぎ、ゴールへの角度が悪いところからシュートを打って、ゴールが奪えない。

Coach's advice: タッチが大きくなるとゴールへの角度がなくなるよ。タッチを調節して、シュートを打ちやすい場所へ持って行こう。

これはダメ！ → OK!

45

Step4 ❷ Full Pressure 相手が守っている状態でトライ

DVD収録

準備
- 図のように、ゴール前にコーンを配置。
- ディフェンダー（赤）をコーンの間に立たせる。
- ゴールから20mくらい離れた位置に、アタッカー（青）のスタート位置を決める。

進め方
1. アタッカーはディフェンダーに向かってドリブル。
2. 適切な間合いでステップオーバー。
3. ディフェンダーをかわしたら、2つのコーンの間を通過してシュートを打つ。
4. ディフェンダーはコーンの間を動き、アタッカーのボールをカットする。

連続写真で見てみよう

1 ▲ディフェンダーの動きを見てフェイントのタイミングを見極める。

2 ▲大きなアクションで、ディフェンダーの体勢を崩す。

3 ▲アウトサイドを使ってすばやく突破。

4 ▲シュートは確実に決めよう。

POINT ステップオーバーの動きが小さく、フェイントの動きで相手をつることができず、スペースを作れなかった。

Coach's advice
フェイントの動きはボールを持ち出すというフリだから、フェイントのモーションは大きく行おう！

POINT ステップオーバーでディフェンダーの逆をつき、うまくスペースを作れたが、突破のときにスピードが上がらずに追いつかれてしまう。

Coach's advice
突破のときは加速してディフェンダーを振り切ろう。フェイントがうまくできても、加速しないと追いつかれるよ！

47

Step5 Full Pressure ゲームの中でトライ

得点の方法にひと工夫し、思い切ってトライさせよう。
実際のゲームで発揮できてこそ、ホンモノのテクニックだ。

準備

- 45×25m程度の大きさのミニゲームコートを作る。
- 4人1組でチームを作り、4対4のゲームとする。
- GKは入らない。
- 選手の年齢や体力によってゲームの時間を設定する。

進め方

1. ステップオーバーのフェイントをしたらそのチームに1点を与える。
2. ただし、ステップオーバーを行うときは、『ステップオーバー！』と声に出しながら行なわなければならない。
3. ステップオーバーのフェイントをしたあとにシュートを決めたら3点を与える。
4. オフサイドは設定しない。ポジションも固定せず、自由に攻撃させる。

POINT ボールを保持してディフェンダーと向かい合う状況が生まれたが、フェイントを仕掛けることなくディフェンダーに主導権を握られてしまった。

Coach's advice 今は1対1の状況だよ。今までトレーニングしてきたステップオーバーをトライしてみよう！

POINT 自陣ゴール前でフェイントを仕掛けて失敗。相手にボールを奪われ、逆に自陣のゴールに決められてしまう。

Coach's advice これはダメ！
自陣ゴール前では安全確実なプレーを心がけよう。フェイントは、相手ゴールにより近い場所で行うのが効果的だよ。

POINT シザーズの動きを適切な間合いで行い、ディフェンダーの逆をつき、スペースを突破した。加えてその後、ゴールを決めた。

Coach's advice OK！
ナイスプレー！いいゴールを決めることができたね（1人の選手が褒められたら、他の選手も真似しようとする）。

49

バリエーション① The Double Step Over ダブルステップオーバー

ボールをまたぐステップオーバーの動きを、左右の足を使い、2回連続で行うフェイント。

1 ▲ステップオーバーのモーションに入る。

2 ▲ディフェンダーに一方向へ行くと見せかける。

5 ▲反対の足でもう一度、ステップオーバーを試みる。

6 ▲ディフェンダーがとまどい、動きが止まった瞬間を見逃さない。

▲またぎ終えた足は地面にしっかり着地。

▲反対方向にすばやく切り替える。

▲加速して一気にディフェンダーを抜き去る。

1 回のステップオーバーでスペースが生まれないときは、もう一度逆の足で試み、ディフェンダーの動きを止める

レベルの高いディフェンダーは、1回目のステップオーバーの動きを見ると、逆を取られたと判断してすばやくポジションを修正する。そのため、突破のスペースを作ることができないことがある。その状況でもう一度、反対の足でステップオーバーを試み、ディフェンダーをまどわせ、一気に突破する。

バリエーション② The Slap Step Over スラップステップオーバー

振り子のように足の裏でボールをすばやく移動させて、反対の足でステップオーバーを行う。

1 ▲振り子のように、ヒザから下を勢いよく振る。

2 ▲足の裏で転がすようにしてボールを移動させる。

5 ▲振った足が着地すると同時に、逆足でステップオーバー。

6 ▲ボールの横をかすめるようにまたぐ。

▲ボールを強く押さえすぎないように注意する。

▲転がしたボールを、足よりも前に持ち出す。

▲大きな動きで相手ディフェンダーをまどわす。

▲ディフェンダーの動きが止まった瞬間、加速して突破する。

正面にディフェンダーがいるとき効果的なフェイント
一連の動きをすばやく行い、一瞬で抜き去る

ヒザから下を勢いよく振り、ボールを足の裏で転がし、移動させる。相手が正面にいるとき、あるいは横にいる相手を肩でブロックしているときに、反対側の足で行うとより効果的だ。ボールを持ち出すと見せかけてステップオーバーを行い、前方へ一気に抜き去ろう。

COLUMN I
年代別指導ポイント

U-9に対して

　この年代は、神経回路が著しく発達し、運動能力の基礎が形成される時期で、プレゴールデンエイジと言われています。ゴールデンエイジへの準備期間となるため、多くの神経回路をはり巡らせておくことが重要です。サッカーだけでなく、様々な動きを行うことによって、身体のバランス能力やステップワークを身につけます。一方で、精神的な面でいえば、まだまだ集中できる時間が短く、興味がないとすぐに飽きてしまうのが特徴です。

　そのため、この年代での指導は、子どもたちが飽きないように、練習内容に工夫を凝らす必要があります。たとえば、単純な体操やランニングだけでなく、「鬼ごっこ」をウォーミングアップに取り入れてみたりすれば、楽しみながら自然とサッカーに必要な動きやステップを身につけることができるでしょう。

　また、フェイントの練習を行う前に、コーチがデモンストレーションで見せてあげるのも1つの方法です。「僕もやりたい！」「この技術を覚えたい！」と、子どもたちの興味や欲求が刺激されるに違いありません。

　この年代を指導する上で、大切な要素をもう1つ。ボールを扱う技術トレーニングは、両足でできるように指導してください。両足で同じようにボールを扱うことができれば、プレーの幅が広がり、よりサッカーを楽しむことができるようになります。何よりも反復練習が重要ですが、何度もくり返し、あせらず忍耐力を持って接してあげることが大切です。

　ただし、両足で同じようにボールを扱えるまでには、少し時間がかかります。まずは利き足だけでも"できるようになる"ことが大切です。できたときは大いに褒めてあげましょう。たとえ上手にできなかったとしても、怒ることなく、根気よく見守ってあげてください。

豊島校＆中野サンプラザ校
スクールマスター（09.06現在）
山村 克行（やまむら かつゆき）

Chapter 2

Change of Direction
チェンジ オブ ダイレクション

ステップオン・インサイドカット

ステップオンとは？

The Step On

FEINTS フェイント
STOP&STARTS ストップ&スタート
CHANGE OF DIRECTION 方向転換

日本語で「踏む」という意味。スピードを落とさず、急激にストップして方向を変え、ディフェンダーをまどわす。

1 ▲「踏む」タイミングを計りながら助走。

2 ▲ドリブルで移動すると見せかける。

3 ▲足の裏でボールの上をやわらかく踏む。

4 ▲反対の足がボールの横を通過し、ボールより前に着地。

5 ▲ボールを踏んだ足で踏ん張る。

6 ▲アウトサイドを使って持ち出す。

POINT
使うのはココの位置！

　攻撃側のサイドがアクションエリアだ。ステップオンを成功させて中央へと切り込んでいけば、一気にシュートチャンスまで持っていける。また、カウンターアタックの場面なら、ゴールラインとハーフウェーラインの中間あたりでステップオンを使い、アーリークロスをあげることもできる。

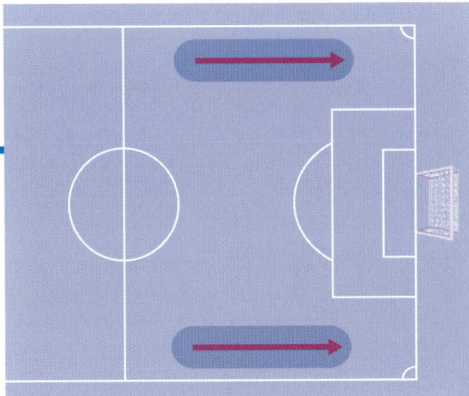

POINT
目的と効き目を知る！

　ドリブル中に急激なストップをかけることで、ディフェンダーのプレッシャーを外して突破のためのスペースを作る。スピードに優れた選手がこのテクニックを身につければ、「動く⇒止まる⇒動く」というスピードの落差を生むことができる。試合の中で、いつも以上の活躍ができるようになるだろう。

▲果敢にストップするので、ディフェンダーは逆を取られやすい。ステップオンをマスターすれば、様々な場面で優位になれるぞ。

57

Step 1 No Pressure 止まった状態でやってみよう

スピードに乗ったドリブルをしているときに使えるステップオン。段階的にトレーニングを積めば、誰にでも身につけられる。

🔺 準備
- 前方にコーンとマーカー、ボールを設置する。
- 選手はボールを持たずにスタート位置(黄色のマーカーの間)。
- 右足でステップオン、左足で持ち出す場合を想定。

進め方
1. 前方にあるボールを右足で踏む。
2. その先にあるコーンを左回り(左に見ながら周る)して、左足でボールにタッチする。
3. 写真の選手のように左手を上げながら行うと、左回りを意識させやすくなる。

POINT
ボールを強く踏みすぎてしまい、足元が滑ってしまう。

これはダメ!

OK!

Coach's advice
ボールは軽く踏もう。強く踏みすぎると転んでしまうかもしれないよ。

POINT
ボールを踏んで止めただけでは、すばやくスムーズにターンすることが難しい。

OK!

Coach's advice
ボールを踏んだ足と反対の足をボールより前に着地させるとターンの動きがスムーズにできて、反対側へボールを持ち出しやすくなるよ。

トレーニングを発展させてみよう！[1]

進め方
1. コーチが前に蹴り出したボールをコーンの手前でステップオン。
2. 前方のコーンを左回りしたあとは、逆足のアウトサイドでボールを持ち出して数メートルドリブル。
3. 動くボールをステップオンすることで、すばやいターンと突破の感覚を身につける。

トレーニングを発展させてみよう！[2]

進め方
1. コーンを取り除き、コーチは前方にある2つのマーカーの間にボールを蹴り出す。
2. 動いているボールをステップオンし、より実戦の感覚に近づける。
3. 突破のあともボールをコントロールし、コーチにしっかりパスをすることが大切。

Step2 No Pressure ドリブルしながらやってみよう

ステップオンの動きを覚えたら、次はドリブルをしながらトレーニングを行おう。

🔺 準備
- 右足でステップオン、左足アウトサイドで持ち出すことを想定。
- マーカー3つで三角形を作る。
- 1つのマーカーに選手が並び、先頭の選手がボールを保持。

進め方
1. 前のマーカーに向かってドリブルし、マーカーの前でステップオン。
2. 時計回りに各マーカーのところでステップオンを行い、次の選手へパス。

POINT
ステップオンを行ったあとも、ボールばかりを目で追ってしまっている。

これはダメ！ → **OK！**

Coach's advice
ステップオンのあとはすぐに顔を上げてスペースを見よう。ターン後に移動するスペースを確認することが大切だよ。

POINT
ステップオンをしたあとのアウトサイドのタッチが遅い。

これはダメ！ → **OK！**

Coach's advice
ステップオンのあとはディフェンダーを振り切るイメージで、ボールを止めた反対の足ですぐにアウトサイドのタッチを行おう！

トレーニングを発展させてみよう！

1 **2**

3

進め方

① マーカー3つで三角形を作り、それぞれにディフェンダー役を配置。
② 前のマーカーに向かってドリブルし、ディフェンダー役にぶつからないよう適切に間合いをはかって右足でステップオン。左足アウトサイドで持ち出す。
③ 時計回りに各マーカーのところでステップオンを行い、次の選手へパス。

発展POINT
ステップオンのタイミングが遅く、ディフェンダー役にぶつかりそうになってしまう。

Coach's advice

これはダメ！

OK！

ステップオンを行うのが遅いと相手にぶつかってしまうよ。試合中であれば、ボールを奪われてしまうから、もう少し早いタイミングでステップオンを仕掛けよう！

Step3 LTD Pressure
相手を想定して やってみよう

ゲーム中のディフェンダーを想定してトレーニングを行い、ターンを仕掛けるタイミングをつかむ。

準備
- アタッカー2選手はボールを保持して待機。
- 中央の選手1人がディフェンダー役となる。

進め方
1. アタッカーは自分の前にあるマーカーへドリブル。
2. 同時に、ディフェンダーもプレッシャーをかけにマーカーに移動する。
3. アタッカーはマーカーでステップオンし、元いた場所へすばやく戻る。
4. 反対側のアタッカーがドリブルをスタート。
5. これをくり返す。

POINT
ステップオンを仕掛けるタイミングが遅く、プレッシャーをかけにきたディフェンダーやコーンにぶつかってしまう。

Coach's advice
ステップオンを仕掛けるとき、ディフェンダーとの間合いに注意しよう。試合中だったらボールを奪われてしまうよ。

これはダメ！　　OK！

トレーニングを発展させてみよう！

進め方

1. アタッカーは自分の前にあるコーンを手でタッチしたら1ポイント。得点を与えることで、選手のやる気を引き出す。
2. ただし、ディフェンダーに体を触られたら0ポイントに戻る。
3. アタッカーは必ず1回ステップオンをしてから戻ることを意識する。

発展POINT　ディフェンダーを確認せず、ポイントを稼ぐためコーンを触りに行ったばかりにタッチされた。

Coach's advice
目線を上げてディフェンダーの位置や間合いを確認しよう。そうすればタッチされる前にステップオンを仕掛けられるよ。

発展POINT　いい間合いでステップオンができたが、加速しなかったのでディフェンダーにタッチされてしまった。

Coach's advice
ステップオンのあとは加速してスピードの変化をつけることを忘れないようにしよう！

Step4 ❶ Full Pressure
相手が守っている状態でトライ

本気で守備をする相手にステップオンを試してみる。1対1〜2対2と人数を増やし、段階的にトレーニングしていこう。

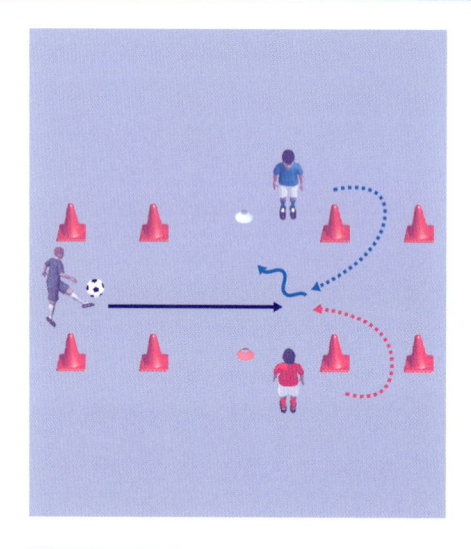

🔺 準備
- タテ20m×ヨコ35mのコートにゴールを4つ設置。
- 各エンドに設置された2つのゴールの間にスタート位置を設ける。
- 選手はアタッカーとディフェンダーに別れてスタート位置で待機。

進め方
1. コーチの合図で、お互いに右側のゴールを通過してからコート内へ。
2. コーチはアタッカーにパスをする。
3. 1対1の対戦をスタートする。
4. アタッカーはコートの半分を越えてからシュートを打つことができる。

連続写真で見てみよう

1 ▲コーチからのパスを受けてドリブルを開始。

2 ▲適切な間合いとスペースを判断してステップオン。

3 ▲ディフェンダーの体勢を崩したらすばやくターン。

4 ▲スピードを上げて突破し、確実にゴールを奪おう。

StepOn

POINT パスを受けたアタッカーがボールコントロールにもたつき、ディフェンダーに寄せられてしまった。

Coach's advice これはダメ！

目的はゴールすること。ファーストタッチからシンプルにゴールを狙うことが重要だよ。

OK!

POINT アタッカーが一方のゴールのみに固執して攻撃を仕掛け、ディフェンダーが守りやすい状況になっている。

Coach's advice これはダメ！

一方のゴールを攻撃すれば、逆サイドが空くよ。ステップオンなどを利用してディフェンダーのいない方を攻撃しよう！

OK!

- シザーズ Feints
- ステップオーバー Feints
- ステップオン Change of Direction
- インサイドカット Change of Direction
- プルプッシュ Stop & Starts

65

Step4 ❷ 相手が守っている状態でトライ
Full Pressure

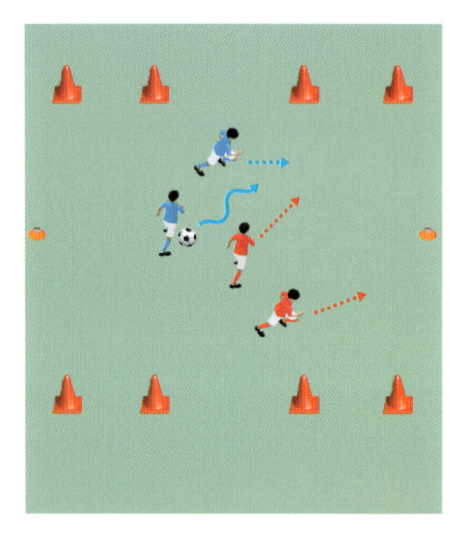

🔺 準備
- Step4①のトレーニングを今度は2対2の設定で行う。

進め方
1. コーチはアタッカーにパス。
2. ディフェンダーは同じ方向からコーンを回ってコートに入り、対戦がスタートする。
3. アタッカーはコートの半分を越えてからシュートを打つことができる。

連続写真で見てみよう

1 ▲コーチからパスを受けてドリブルを開始。

2 ▲逆サイドのゴールが空いていればステップオン。

3 ▲スピードを上げて2人のディフェンダーを置き去りにする。

4 ▲コーンゴールに確実にシュートを決める。

StepOn

POINT アタッカーが一方のゴールのみに固執して攻撃を仕掛け、ディフェンダーが守りやすい状況になっている。

Coach's advice 一方のゴールを攻撃すれば、もう一方は空くよ。ステップオンなどターンを利用してDFのいないゴールを攻撃しよう！

これはダメ！ → OK!

POINT ステップオンでディフェンダーに塞がれていない逆側のゴールを狙ったが、ターンのあとに加速できずうまく振り切れない。

Coach's advice ターンのあとは加速してDFを振り切ろう！

これはダメ！ → OK!

シザーズ Feints
ステップオーバー Feints
ステップオン Change of Direction
インサイドカット Change of Direction
プルプッシュ Stop & Starts

67

Step5 Full Pressure
ゲームの中でトライ

適切な間合いで仕掛けることや、スピードの変化の必要性を理解することが大切。ステップオンの動きを実際のゲームで使ってみよう。

⚠ 準備
- 45×25m程度の大きさのミニゲームコートを作る。
- 4対4で対戦する。
- ボールを保持するチームは、2つあるゴールのうちどちらを攻撃してもよい。
- GKは入れない。
- オフサイドは設定しない。
- 年齢や体力によって、試合時間を決める。

進め方
1. コーチがコートの外からボールを蹴り入れて、ゲームをスタート。
2. どちらのゴールに向かって攻撃するかは、ボールを保持するチームの自由。それによって攻撃の選択肢が増え、すばやい判断力と攻守の切り替えが養われる。
3. ボールがラインを割ったり、ゴールが決まったら、コーチがボールを蹴り入れてリスタートする。

POINT ❷

多くのディフェンダーが守っている側のゴールに向かって攻めている。そのため、スペースが狭くパスを出すコースもないため、ゴールを決められない。

Coach's advice

これはダメ！

ディフェンダーの数が少ない側を狙おう。スペースが広く、数的優位の状況が作れるから、攻撃の選択肢も増えるよ！

POINT ❸

ディフェンダーがどちらのゴールもしっかりと守っていて、味方の選手のサポートもないため、ボール保持者が孤立してしまう。

Coach's advice

これはダメ！

ボールを持っていない選手もゴールを狙う動きをすることが重要だ。ディフェンダーがその動きにつられて、数的優位の状況を作れるよ！

バリエーション The Double Step On
ダブルステップオン

ステップオンの動きを2回連続で行い、
ポジションを修正したディフェンダーのさらに逆をつく。

1 ▲逆方向に行くと見せかけて、一度目のステップオン。

2 ▲ボールを踏んで、確実に足下に止める。

5 ▲顔を上げてスペースを確認。

6 ▲もう一度ステップオンを試みる。

70

» ▲ボールを踏んだ逆の足で着地。  » ▲すばやく逆方向へ体を切り返す。

» ▲アウトサイドを使ってボールを持ち出す。  » ▲足が止まったディフェンダーを一気に抜き去る。

ディフェンダーの逆を二度もつくテクニック
スペースを確認して正確にボールを置くことが大切

» 一度目のステップオンについてきたディフェンダーを振り切るときに、もう一度、ステップオンを仕掛ける。視野を確保しながらスペースを確認し、一度目のステップオンで正確にボールを足下に置くことが大切。フェイントのあとスピードに乗り、一気にディフェンダーを置き去りにしよう。

インサイドカットとは?

The Inside Cut

FEINTS フェイント
STOP&STARTS ストップ&スタート
CHANGE OF DIRECTION 方向転換

前に進むボールを足のインサイドで止めて(カットして)、ターンした方向にボールを押し出す。

1 ▲インサイドカットのモーションに入る。

2 ▲軸足(写真の左足)を強く踏み込む。

3 ▲インサイドを使ってボールをカット。

4 ▲カットした足で踏ん張る。

5 ▲そのまま進行方向にボールを押し出す。

6 ▲スピードを上げてスペースに進入する。

POINT
使うのはココの位置！

ドリブルでゴールラインと平行に移動できる、攻撃側のペナルティーエリア周辺が非常に効果的だ。この位置でインサイドカットを成功させることによってスペースが生まれ、シュートを打つチャンスが大きく広がる。また、味方にパスが通れば、決定的なシーンを演出することができるだろう。

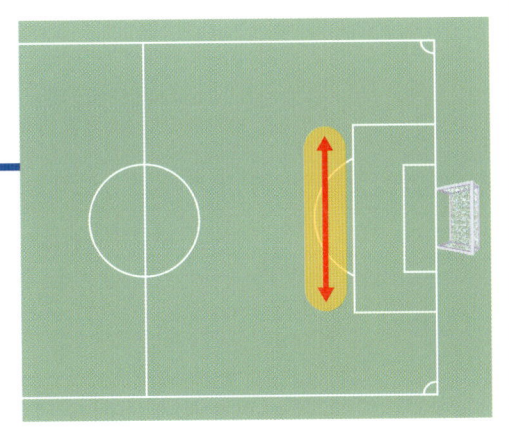

POINT
目的と効き目を知る！

ディフェンダーが横からマークしてきたときに使う。インサイドカットでボールをシールドしながら、別の方向にターン。ディフェンダーは急激な方向転換に反応することができない。すばやくスペースに進入して、パスやシュートにつなげよう。

▲自分の体を盾にして相手のプレッシャーに耐える。すばやく振り向けば、逆サイドにスペースがあるはずだ。

Step 1 No Pressure 止まった状態でやってみよう

インサイドカットは、サッカーを始めたばかりの選手が最初にトレーニングをするテクニックとしてオススメ。

準備
● マーカーの間で一列になり、各自がボールを持って待機する。

進め方
1. 先頭の選手が前方のマーカーの間に向かってドリブル。
2. マーカーの間でインサイドカットをして列に戻る。
3. 前の選手が列に戻ってきたら、次の選手がスタート。
4. これをくり返す。

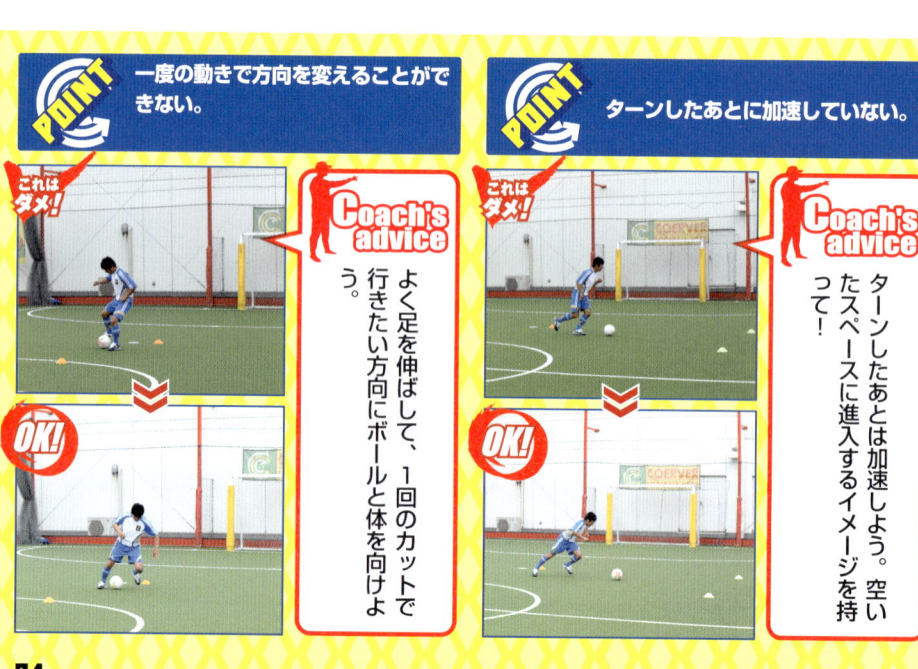

POINT
一度の動きで方向を変えることができない。

これはダメ！

Coach's advice
よく足を伸ばして、行きたい方向に1回のカットでボールと体を向けよう。

OK!

POINT
ターンしたあとに加速していない。

これはダメ！

Coach's advice
ターンしたあとは加速しよう。空いたスペースに進入するイメージを持って！

OK!

トレーニングを発展させてみよう！

進め方
1. 先頭の選手だけがボールを保持。
2. 前方のマーカーの間でインサイドカット。
3. ターンをしたら、列に並ぶ次の選手へパスをする。
4. ターンのあともボールをコントロールして、正確なパスを出すことを意識づける。

発展POINT
インサイドカットのあと、次にプレーする選手へのパスの質が悪い。そのため、次の選手がプレーしづらくなってしまった。

Coach's advice
ターンのあとのプレーも正確に。うまくターンできても、次のプレー（パスの質など）が悪くならないようにしよう。

Step2 No Pressure ドリブルしながらやってみよう

前方にディフェンダー役を立たせることで、インサイドカットの間合いやタイミングを体で覚える。

⚠ 準備
- 距離を離して配置したマーカーそれぞれの前に選手が1名ずつ立つ。
- 一方の選手のみボール保持。

進め方
1. 前方に向かってドリブルし、対面のマーカー前でインサイドカット。
2. 対面のマーカーにいる選手は1歩前に出てボールを取るフリをする。
3. ターンのあと、元の場所に戻ったら、対面の相手へパス。
4. これを連続して行う。

POINT
ターンをする前に対面するマーカーや相手の選手にぶつかってしまう。

これはダメ！　OK！

Coach's advice

インサイドカットをする間合いを調整しよう。マーカーや相手にぶつかるということは、ゲーム中であれば、ボールを奪われるということだよ。

トレーニングを発展させてみよう！

進め方
① 距離を広げて行い、インサイドカットを仕掛ける距離感を身につける。
② ディフェンダー役は前に出てプレッシャーをかけたり、下がったりする。
③ 前に出てきたり引いたりするディフェンダー役に対し適切な間合いでインサイドカットを仕掛け、元の位置に戻る。
④ ディフェンダー役はボールを奪わない。

発展POINT
インサイドカットを適切な間合いで仕掛けられていない（敵から離れすぎて仕掛ける場合）。

Coach's advice
ターンするときは相手との間合いに注意しよう。敵から近すぎず、遠すぎず、相手の動きをよく見て仕掛けよう！

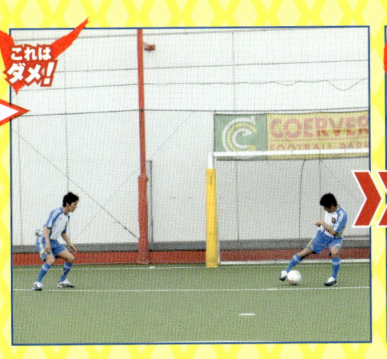

これはダメ！　OK!

Step3 LTD Pressure
相手を想定してやってみよう

相手に奪われないようボールを守りながらインサイドカット。
ディフェンダーを想定して、実戦感覚をつかむ。

⚠ 準備
- 2本のコーンで作ったゴールを、ランダムにセッティングする。
- 2人1組のペアを作り、片方の選手がボールを持つ。

進め方
1. ボールを保持する選手は、ドリブルをしながらコーンゴールを通過していく。
2. ただし、連続して同じゴールには通過できない。
3. ディフェンス役の選手は追いかけて、プレッシャーをかけていく（ボールは奪わない）。
4. 時間の目安は15～45秒間。

POINT 相手を振り切ろうと効果的にインサイドカットを利用するが、ターンのあとに加速していない。

これはダメ！

OK!

Coach's advice
ターンのあとは加速して相手を振り切ろう。試合中であれば、相手に追いつかれてしまうよ。

POINT シールドせずにターンをしているため、相手やコーンにぶつかってしまう。

これはダメ！

OK!

Coach's advice
実際の試合では、シールドせずにターンをすると相手にボールを奪われてしまうよ。シールドしながらターンすることを意識して取り組もう！

トレーニングを発展させてみよう！

1 → **2**  → **3**

進め方

① ディフェンダー役は、ボールを奪ってもOK。プレッシャーがかかった状態でインサイドカットを行う。
② コーンゴールを3回連続でドリブル通過したら勝ち（ただし、同じゴールを連続して通過してもポイントにはならない）。
③ ディフェンダー役がボールを奪ったら、攻守の役割が入れ替わる。

発展POINT

相手に近い方の足でボールを保持またはターンをしてしまい、相手にボールを奪われてしまう。

これはダメ！ → **OK!**

Coach's advice

特にターンのときは、相手とボールの間に自分の体を入れることを心がけよう。ボールを奪われずに相手を振り切れるよ。

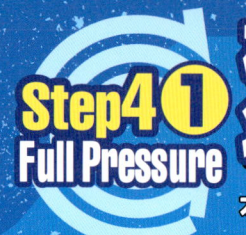

Step4 ❶ Full Pressure
相手が守っている状態でトライ

本気で守備をするディフェンダーを相手にインサイドカットを試してみよう。

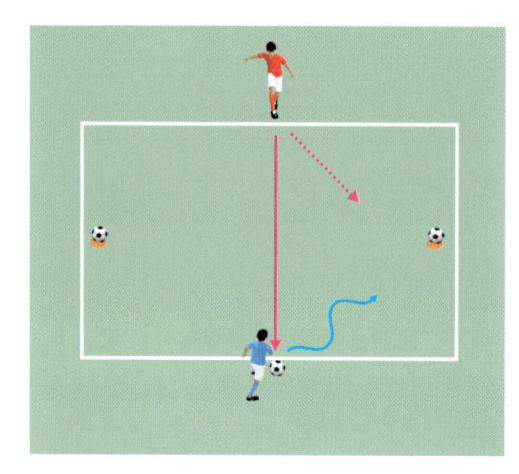

🔺 準 備
- タテ15m×ヨコ35mのコートを作る。
- 両サイドに、マーカーの上にボールを乗せたゴールを設置。

進め方
1. ディフェンダー（赤）がアタッカー（青）にパスしたら守備を開始。アタッカーはボールを受けたら攻撃を開始。
2. アタッカーがボールにシュートして、マーカーから落としたら勝ち。
3. ただし、シュートはゴール2m以内の距離からしか打つことができない。

連続写真で見てみよう

1 ▲ボールを受けて攻撃を開始。

2 ▲ゴールに向かってドリブルをする。

3 ▲ディフェンダーを見ながら適切な間合いでインサイドカット。

4 ▲スピードに乗って空いた逆のゴールを狙う。

InsideCut

POINT パスを受けた攻撃側の選手がボールコントロールにもたつき、ディフェンダーに寄せられてしまった。

Coach's advice これはダメ！

目的はゴールすること。まずはファーストタッチからシンプルにゴールを狙うことを心がけよう。

POINT 攻撃側がファーストタッチからシンプルにゴールを狙うようになったので、ディフェンダーもゴールさせないようドリブルのコースを塞いできた。

Coach's advice

ディフェンスが（一方の）ゴールへのドリブルのコースを塞いできたら、逆側のゴールへのコースが空くよ。空いたのを感じたらインサイドカットなどターンの技術を用いて逆側のゴールを狙ってみよう。

シザーズ Feints
ステップオーバー Feints
ステップオン Change of Direction
インサイドカット Change of Direction
プルプッシュ Stop & Starts

81

Step4 ❷ 相手が守っている状態でトライ
Full Pressure

準備
- Step 4 ①のトレーニングを今度は2対2の設定で行う。

進め方
1. 攻撃側がシュートでボールをコーンから落としたら勝ち。
2. ただし、シュートはゴールの2m以内で打たなければいけない。

連続写真で見てみよう

1 ▲2人で同じゴールを目指して攻撃を開始。

2 ▲ボール保持者は相手の動きを見てインサイドカット。

3 ▲シールドして、すばやくターンする。

4 ▲逆サイドのスペースをついてゴールを狙う。

InsideCut

	シザーズ Feints
	ステップオーバー Feints
	ステップオン Change of Direction
	インサイドカット Change of Direction
	プルプッシュ Stop & Starts

POINT ボールを持つ選手が一方のゴールを攻撃。ボールを持たない味方も同じゴール方向のスペースへ走り込み、2人のディフェンダーがその動きにつられている。

これはダメ！

Coach's advice
ディフェンダーを一方のゴールにおびき寄せることができたから逆のゴールが空くよ。ターンを使ってみよう！

OK!

POINT インサイドカットの技術を用いてディフェンダーに塞がれていない逆側のゴールを狙ったが、ターンのあとに加速せずうまく振り切れない。

OK!

Coach's advice
ターンのあとは加速して、相手を振り切ろう！

83

Step5 Full Pressure ゲームの中でトライ

狙えるゴールは4カ所あるぞ。積極的にインサイドカットに挑戦し、ディフェンダーの逆をつこう。

🔺 準備

- 設定は3対3＋4ターゲットマン。
- 45m×25m程度の大きさのミニゲームコートを作り、コートの四隅に5m×5mのターゲットゾーンを設置。
- ターゲットゾーンの中にターゲットマン（青ビブス）1名を配置。
- ターゲットマンは常にボールを保持している側の味方になる。
- 赤ビブスと黄ビブスを着用した選手はターゲットゾーンに入れない。

進め方

1. ボールを保持するチームは、ターゲットマンにパスをして同じチームのメンバーがパスを受けたら1得点。
2. 得点が入ったあとも、そのままゲームを続行する。
3. ボールを奪われたらすばやく守備に回る。
4. ボールがラインを割ったら、コーチがボールをコート内に蹴り入れる。
5. ターゲットマンにタッチ数の制限を設ける（1〜2タッチ以内など）。

POINT ディフェンダーが多いサイドのターゲットマンを狙ってパスをするが、ディフェンダーにカットされてしまう。

Coach's advice
どちらのサイドが空いているのか、すばやく判断しよう。狙っているサイドが数的不利なら、逆サイドは数的優位だよ。

POINT 仲間にマークがついているため、パスを出すことができない。さらに攻撃が一方にかたよってしまい、数的不利の状況が生まれている。

Coach's advice
数的不利の状況でパスをつなぐよりも、空いたスペースを狙った方が簡単だよ。ボールを持っていない仲間が声を出して、ボールを持っている選手に指示をしてあげよう！

バリエーション フェイクインサイドカット
The Fake Inside Cut

インサイドカットを仕掛けるフリをして、密着マークからスペースに逃れる。

1 ▲前方に向かってドリブルを開始。

2 ▲スピードを落としてインサイドカットの体勢に入る。

5 ▲ボールには触らず、そのまま足を地面につける。

6 ▲反対の足のインサイドでボールを押し出す。

86

▲大きなアクションでインサイドカットのフリをする。

▲腰も一緒にひねるとより効果的だ。

▲最初と同じ進行方向に向かってスピードに乗る。

▲そのまま加速してディフェンダーを振り切る。

インサイドカットを仕掛けると見せかけて、ディフェンダーの逆をつくフェイント

フェイク（フリをする）の言葉どおり、インサイドカットをすると見せかけてボールには触らず、ディフェンダーの逆をつくフェイント。相手に背後からマークされているときや、間合いが近すぎるときなどに効果を発揮する。ボールを動かしながら、仕掛けるタイミングを狙っておこう。

COLUMN II
年代別指導ポイント

U-12に対して

　神経系の発達がほぼ完成に近づき、一生に一度だけ訪れる「即座の習得」を備えた年代。それが、ゴールデンエイジです。この時期に習得した技術は、大人になってもずっと身体から離れることはありません。したがって、この年代で多くの技術を反復し、学ばせることが、将来、大きく伸びるための大切なポイントとなります。

　ただし、筋肉はまだまだ未発達。強さや速さに対する身体の準備はできていません。遠くにボールを蹴ることよりも、意図したところまでボールを運ぶ「正確な」技術を身につけることが大切です。また、育成を考えるのであれば、試合に勝つためだけのフィジカル的なトレーニングは必要ないかもしれません。身体の大きな選手やスピードのある選手など、特定の選手だけに頼るサッカーを積極的にする時期でもないと言えるでしょう。個人差はありますが、精神面でも自我の芽生えとともに競争心が盛んになり、論理的思考力がついてきます。

　チェンジ・オブ・ダイレクション（ターン・方向転換）の指導を例に挙げてみましょう。低学年の場合、試合中に使ったテクニックが本来のタイミングとは異なっていたとしても、それに挑戦したことを褒めるようにします。しかし、高学年では、「どのように」「どこで」「いつ」行えば効果的なのか、相手をブロックしながら遠い方の足で方向転換ができていたか、方向転換したあとのプレーの判断はどうだったのか、などを理解させます。

　また、この年頃は強制されたり否定されることを嫌う傾向があります。常に「オープンマインド」の姿勢で接するようにしましょう。子どもたちの能力・経験は均一ではありません。他者と比較することなく、個別に課題を出し、指導を行う必要があるのです。「もっと上手になりたい！」その気持ちを引き出せたとき、また、本人がそう望んだときに、タイミングよく次のステップへ導いてあげましょう。

つくば校
スクールマスター（09.06現在）
関口 喜宏（せきぐち よしひろ）

Chapter 3

Stop & Starts
ストップ アンド スタート

プルプッシュ

プルプッシュとは？

The Pull Push

- FEINTS フェイント
- STOP & STARTS ストップ＆スタート
- CHANGE OF DIRECTION 方向転換

文字通りボールを「引いて押し出す」ことから名づけられた。ドリブルの途中で急激に後ろに引き、一気に前に押し出す。

1 ▲タイミングを合わせながらステップを踏む。

2 ▲軸足で踏ん張って急ブレーキをかける。

3 ▲足の裏を使ってボールを止める。

4 ▲ボールを後ろに引く。

5 ▲ボールを引いた足で、そのまま押し出す。

6 ▲前傾姿勢を取りながら、一気に加速する。

POINT
使うのはココの位置！

クロスボールを上げる役割もあるサイドアタッカーが、攻撃側エリアの両サイドで使うと効果的。タッチライン沿いをドリブルで突破しているときに、相手ディフェンダーがプレッシャーをかけてきたら、プルプッシュを使うタイミングだ。前方にスペースがあったら、一気にスピードを上げてチャンスを狙おう。

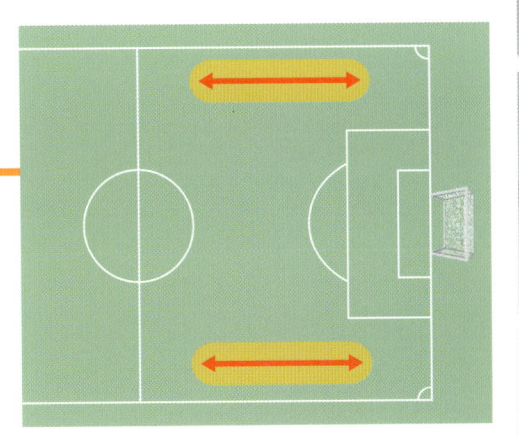

POINT
目的と効き目を知る！

ディフェンダーが横についている状況でドリブルをしているときに、足の裏で急激にボールを後ろに引く。すると、意表をつかれたディフェンダーのスピードも落ちる。ディフェンダーのスピードが落ちたのを見計らい、一気にボールを前へ押し出すことによって相手から離れる。

▲相手がいる反対側の足でプルプッシュを行えば、前方にスペースが生まれる。大切なのはスピードの緩急だ。

Step 1 No Pressure 止まった状態でやってみよう

ウォーミングアップでプルプッシュの動きに似たエクササイズを行い、必要なボール扱いを覚える。

⚠ 準備
- 1人1個ボールを保持。

進め方
1. 足の裏でボールを引く。
2. インサイドで前に押し出す。
3. 足の裏で止める。
4. プルプッシュの一連の流れを、1、2、3のリズムで行う。

POINT 足のインサイドで前に押し出すタッチが大きくなりすぎる。

これはダメ！

Coach's advice
ボールを押し出したあと、すぐに足の裏で止められるようにタッチを調整しよう。もう少しやさしくボールにタッチすればいいんだよ。

POINT ボールを引くときのタッチが小さい。

これはダメ！

Coach's advice
慣れてきたら少しずつ大きくボールを引いてみよう。小さな動きだと、ディフェンダーをまどわせられないよ。

トレーニングを発展させてみよう！

1 **2**  **3**

進め方

① 足の裏で引く→インサイドで前に押し出す→反対の足の裏で止める。
② 一連のプルプッシュの動きを左右の足で交互に行い、リズム感を身につける。

発展POINT

ボールを足の裏でまっすぐ引けていない。また、足のインサイドでボールをまっすぐ押し出せず、斜めになってしまう。

これはダメ！ **OK！**

Coach's advice

ボールをまっすぐ引いて、まっすぐ前に押し出そう。軸足のヒザを軽く曲げてバランスを取ることがコツだよ。

Step2 No Pressure
ドリブルしながらやってみよう

実際にボールを動かしながらプルプッシュのトレーニングを行う。タイミングと間合いを体に覚えさせよう！

準備
●各自1個ずつボールを保持して、1列に並ぶ。

進め方
1. 先頭の選手がドリブルし、マーカー（オレンジ）のゾーンに入ったらプルプッシュ。
2. 反対側までドリブルし、隣の列に並ぶ。
3. 前の選手がプルプッシュしたら、次の選手がスタート。これを連続して行う。

POINT プルプッシュ前のドリブルがスピードに乗りすぎるあまり、ボールを引くことができない。

これはダメ！

Coach's advice
プルプッシュをする前は、ゆっくりドリブルをしよう。そうするとやりやすいよ！

POINT プルプッシュの動きが小さい。

OK!

Coach's advice
プルプッシュの動きが小さいとディフェンダーを振り切ることができない。引いて（プル）、押し出す（プッシュ）動作は大きく行おう。

トレーニングを発展させてみよう！

進め方

1. 1人の選手がドリブルし、マーカーで仕切られたゾーンでプルプッシュ。
2. ディフェンダー役（ボールは奪わずドリブラーの動きに合わせて併走するのみ）がいることで、実戦に近い状況にする。
3. プルプッシュにつられたディフェンダーの動きをしっかり見ておこう。

発展POINT　相手に近い方の足でボールを保持している。試合中であれば相手からボールを奪われる可能性が高い。

Coach's advice　ボールをとられないことを意識したドリブルをしよう。相手から遠いほうの足でドリブルし、プルプッシュをしよう！

発展POINT　プルプッシュのあとに加速せず、並走する相手を振り切れていない。

Coach's advice　プルプッシュのあとは相手を振り切るイメージで、加速してスピードの変化をつけよう！

Step3 LTD Pressure
相手を想定してやってみよう

ディフェンダーに並走してもらい、ボールを守りながら相手を振り切るターンができるようになる。

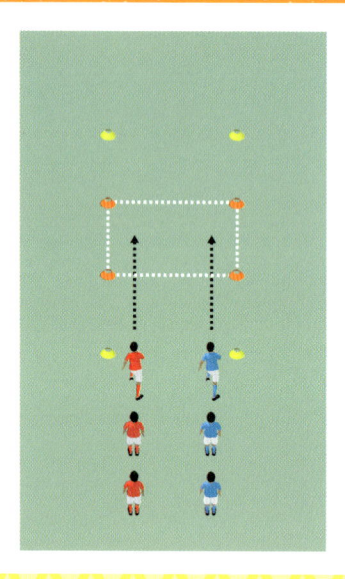

🔺 準備
- マーカーを用いて、4つのラインを作る。
- マーカーの間に2列で並び、アタッカー役（青）とディフェンダー役（赤）を決める（※ボールなし）。

進め方
1. 一番遠くか、スタート地点のマーカー（黄）の間のどちらかに先に達したほうを勝ちとする。
2. アタッカー役の選手がスタートしたら、ディフェンダー役の選手もスタート。
3. アタッカー役がマーカー（オレンジ）で仕切られたゾーンに入ったら、ディフェンダー役を振り切るために進行方向を変えるか、そのまま走り切るかしてどちらか一方のマーカー（黄）の間に達するようにする。ただし、一度決断したら、その進行方向へと走り切らなければならない。

POINT 相手の動きを見ておらず、アタッカー選手がディフェンダーを振り切ることができない。

これはダメ！

Coach's advice アタッカーの選手はディフェンダーの状況を見て裏をかこう！

OK!

POINT スピードが一定でディフェンダーをうまく振り切れていない。

これはダメ！

Coach's advice 突破する方向を決めたら、加速してディフェンダーを振り切ろう！

OK!

トレーニングを発展させてみよう！

1

2

3

進め方

① 今度はアタッカーがボールを持ち、プレッシャーがかかった中でテクニックを使う。
② ディフェンダーはついていくだけで、ボールを奪ってはいけない。
③ 行き先はアタッカーが決断。ストップ＆スタートやターンのテクニックは、一度しか使うことはできない。

発展POINT
動きのアクションが小さく相手の選手が引っかからない。

発展POINT
ストップ＆スタートやターンはうまくできたが、そのあと加速をしなかったので、競走で相手に負ける。

OK!

これはダメ！

Coach's advice
ストップ＆スタート（またはターン）の動きは大きく速く行わないと、相手は引っかからないよ！

Coach's advice
ストップ＆スタート（またはターン）のあとは、加速して相手を振り切ろう！

Step4 ① Full Pressure
相手が守っている状態でトライ

本気で守備をするディフェンダーを相手に、思い切ってプルプッシュを試してみよう。

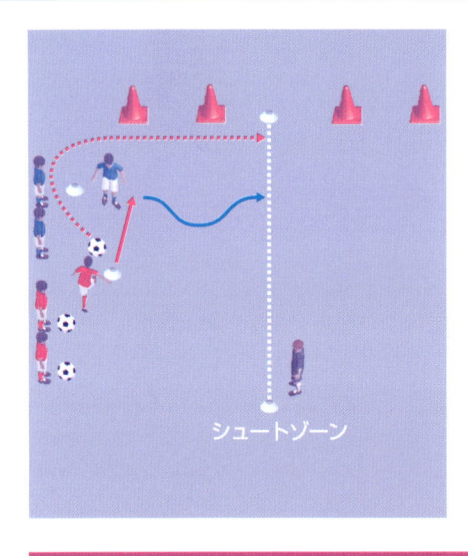

⚠ 準備
- タテ15m×ヨコ35mのコートを作る。
- コーンでゴールを2つ、マーカーでシュートゾーンを設定する。

📖 進め方
1. ディフェンダーはパスをしたアタッカーの後ろを回ってから守備を始める。
2. アタッカーはボールを受けたらドリブルをし、シュートゾーンを一度越えてからどちらかのゴールにシュートする。
3. ディフェンダーはボールを奪いコーチにパスしたら勝ち。

シュートゾーン

連続写真で見てみよう

1 ▲アタッカーはドリブルでゴールに向かう。

2 ▲シュートゾーンを越えたらストップ＆スタートを仕掛ける。

3 ▲ディフェンダーの逆をついてスピードに乗る。

4 ▲シュートは確実に決めよう。

POINT 思い切ってフェイントが仕掛けられず、ゴールを奪うことができない。

Coach's advice
目的は相手を振り切ってゴールすること。シュートゾーンを越えたら、プルプッシュやステップオンにトライしてみよう!

POINT シュートゾーンを越えてプルプッシュやステップオンにトライするようになったが、うまく相手を振り切れない。

Coach's advice
相手を振り切るには、プルプッシュなどのあとに加速して、引き離すことが重要だよ。

99

Step4 ② Full Pressure 相手が守っている状態でトライ

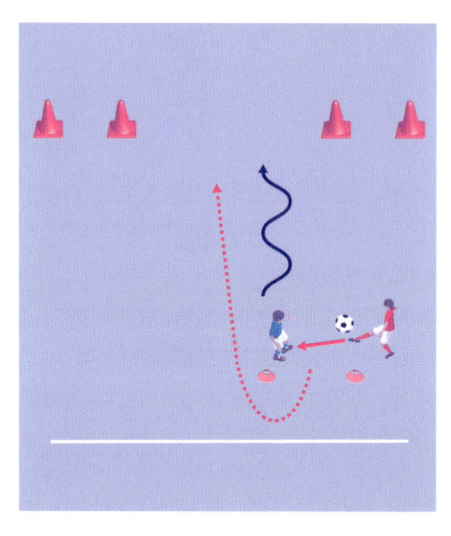

準備
- コーンでゴールを2つと、マーカーでスタート位置を設定する。

進め方
1. ディフェンダー（赤）はアタッカー（青）にパス。すぐにアタッカーの後ろを回って守備を開始。
2. アタッカーは2つのゴールのどちらかに向かってドリブルを開始。
3. アタッカーはゴールをドリブル通過したら勝ち。
4. ボールを奪ったディフェンダーは、スタート地点の側にあるラインをドリブル通過したら勝ちとする。

連続写真で見てみよう

1 ▲ディフェンダーはアタッカーの背後を回って守備を開始。

2 ▲アタッカーは間合いを計ってフェイントを仕掛ける。

3 ▲ディフェンダーの逆をついたら一気に加速。

4 ▲スペースをついてディフェンダーを振り切ろう。

POINT プルプッシュやターンにトライするが、ディフェンダーに近い方の足で仕掛けているので、ボールを奪われてしまった。

これはダメ！

Coach's advice
相手から遠い方の足でボールを持とう。ボールと相手の間に自分の体が入ってブロックできるので、相手はボールを取りにくくなるよ！

POINT ゴールは2つあるが、一方しか視界に入っていないためゴールが奪えない。

これはダメ！

Coach's advice
相手の状況をよく見よう。タテ方向（ゴール方向）を守備してきたら、ターンして反対側のゴールを目指そう。また、相手がヨコ方向を守備してきたら、プルプッシュなどを利用して振り切ろう！

101

Step5 Full Pressure ゲームの中でトライ

一番の目的はゴールを奪うこと。テクニックを発揮して、厳しいプレッシャーの中で判断力を身につけよう。

準備
- 40m×40m程度の正方形コートを作る。
- コート内にコーンゴールを2組、それぞれ対面するように設置する。
- コートの大きさや選手のレベルに合わせて、3対3もしくは4対4で対戦する。

進め方
1. 黄チームは黄のコーンの間を、赤のチームは赤のコーンの間にパスでボールを通過させたら1点。
2. 得点が入ってもプレーを止めず、ゲームを続行させる。試合時間は選手の年齢や体力によって決める。
3. ボールがコート外に出たら、コーチがボールを配給する。

POINT ❸
前方にスペースがあるにもかかわらず、プルプッシュがうまく仕掛けられず相手にボールを奪われてしまう。

Coach's advice

プルプッシュを行うのは相手から遠い方の足。プルプッシュのあとは、加速して相手を振り切るということを思い出そう！

POINT ❸
プルプッシュのあとに加速して相手を振り切ろうとしたが、ボールを大きく前に出しすぎて相手に取られてしまう。

Coach's advice

スピードに乗ったあともしっかりとボールをコントロールしておかないと、次のプレーがうまくできないよ。

POINT ❸
プルプッシュを警戒して、相手が前方のゴール方向への進路を塞いできた。

Coach's advice

ゴールは2つあるんだよ。プルプッシュを使っても前にスペースがなければ、反対側のゴールを狙おう。

バリエーション ハイウェーブ
The High Wave

足が前後に波のように動くことから名づけられた。ボールを足の裏で止めるように見せかけ、ディフェンダーをまどわす。

1 ▲相手から遠い方の足でドリブル。

2 ▲足の裏でボールを止めるように見せかける。

5 ▲軸足で地面を踏ん張る。

6 ▲インステップを使ってボールを押し出す。

▲ボールの上まで足を持っていく。 　　　　　▲軸足を利用して一気に足を後ろに戻す。

▲加速してディフェンダーから離れる。

ポイントは足の裏でボールを止めるフリ
相手の動きが止まったら一気に突破しよう

ボールと相手の間に自分の体を入れ、ボールを守るようドリブルをするのがハイウェーブの基本。足の裏で止めるフリをして、ボールの真上へ足を運ぶ。軸足でタイミングを取り、インステップでボールを押し出す。動きが止まった相手を振り切るように、一気に加速していく。

105

COLUMN III
年代別指導ポイント

U-15に対して

　ポストゴールデンエイジと呼ばれるこの年代は、人として大きく成長を遂げる時期です。身長が急激に伸びるのは、体力的な能力の発達テンポが速くなっている証拠。持久力の向上にも適しています。また、自分の内面を見つめ直す頃で、反抗期でもあります。指導者は1人ひとりとしっかり向き合い、個別性を重視した伝え方を心がけましょう。

　トレーニングの内容によっては、グループ分けを工夫をする必要性も出てきます。プレッシャーを高めたトレーニングでは、身体能力別に分けるといいでしょう。遊びの要素があるトレーニングでは、各々の気持ちを考慮して学年別で分けたり、時にはコーチを入れたりして行うなど調整します。

　スピード能力も目覚しく向上する時期で、ストップ＆スタートのテクニックを有効に使い始めます。フェイントで大切なことは、スピードの変化による駆け引き。大胆な身体の動きを加えて相手をかわすスキルが身につけば、試合で活躍する場面が増えてくるに違いありません。

　さらにこの年代では、どこに行っても自分のプレーが出せるようなコミュニケーション（特に自分から発信する）が求められます。照れや恥ずかしさから、声を出すことをためらいがちですが、指導者が自ら実践することでその重要性を伝えましょう。

　試合中のシチュエーションは様々で、プレーヤーの判断には多くのオプションが必要です。自分で判断できるように導いていく指導を意識してください。ただし、身体的にも思考的にも大人に近づきますが、まだまだ成長途中です。指導者の手助けは必要で、難しいことを伝えすぎても何も残りません。「なぜそのプレーをするのか」を理解させ、意図を持って選択できるように働きかけます。

　小学生とは違い、中学生はより突き詰めた指導を行える年代です。個人を尊重しつつ改善点を伝え、高校生年代のサッカーにつなげてあげましょう。

浦和校
スクールマスター
上林 知民（うえばやし ともひと）
（09.06現在）

終わりに
epilogue

　この本の内容が、少しでも「フットボールプレーヤー」または「サッカーコーチ」である皆さんの向上につながることを祈っています。

　サッカーは「グローバルゲーム」であり、本書の内容はすべて、私たちがこの25年間世界的な活動を通して体感した経験や知識に基づいています。

　本書のテーマともなっている「1対1」は、フットボールプレーヤーにとって非常に重要な「スキル」です。「1対1」も他のスキルと同様に、反復練習なしには身につきません。

　本書に含まれている「ポイント」を基準に、よいトレーニングを続けてください。

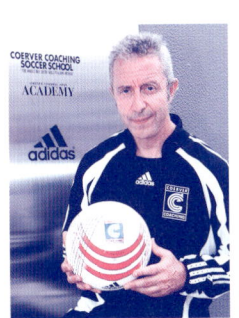

アルフレッド・ガルスティアン

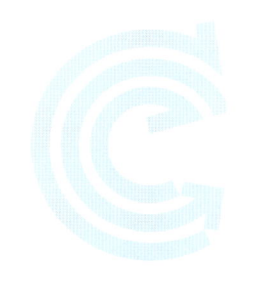

撮影地
◆クーバー・フットボールパーク大阪平野
（クーバー・コーチング・サッカースクール平野校）

◆クーバー・フットボールパーク武蔵浦和
（クーバー・コーチング・サッカースクール浦和校）

撮影協力
今川　元樹
（寝屋川校スクールマスター兼光明池校スクールマスター）

綾見　大樹
（貝塚校スクールマスター兼岸和田校スクールマスター）

吉川　啓太
（平野校スクールマスター）

前田　哲
（枚方校スクールマスター）

新貝　朋大
（大阪城東校スクールマスター）

今村　公彦
（吹田校スクールマスター）

山田　将登
（大阪城東校サブマスター）

宮口　卓也
（平野校サブマスター）

呉　貴煥
（平野校サブマスター）

澤井　昭人
（寝屋川校サブマスター兼光明池校サブマスター）

伊藤　晋
（関西・中国・四国エリアマネージャー）

志村　信行
（和光成増校スクールマスター）

大島　新也
（西浦和校スクールマスター）

潮　浩和
（越谷校スクールマスター）

鳥山　博司
（川口校スクールマスター）

坂本　航也
（東川口校スクールマスター）

……〈09.06現在〉

ジュニアサッカーを応援しよう！
コーチング&サポート

Magazine

（幼児・小学生・中学生）
ジュニアサッカーをサポートするコーチ、パパやママのための日本初少年サッカー専門マガジン

定価：1,280円（＋税）／季刊誌（3月、6月、9月、12月／6日発売）
全国主要書店で発売中！

ジュニアサッカーに関わるすべての人たちへ

指導に活かせる最新のトレーニングやクラブ情報、サッカーキッズの疑問や悩みを解決していくための情報満載。子どもたちのプレーに一喜一憂する保護者の情報交換の場でもジュニアサッカー総合サポート誌です。

読者は　こんな疑問を持った人たちが読者です！
- ★他のチームではどんな取り組みをしているの？
- ★もっと子どもたちのサッカーを知りたい！
- ★サッカーの経験はないがコーチになれるだろうか？
- ★子どもにどんなサッカースパイクを選べばいいのか？

付録DVD付き

ジュニアサッカーを応援しよう！Vol.35
- 特集1　"文武両道"で上に行く！方
- 特集2　ボールを持っても慌てないプレーヤーを目指す！

Web

雑誌と連動したPCサイト
ジュニアサッカーを応援しよう！コーチング&サポート　総合サイト

ジュニアサッカーを応援するすべての人たちに向けた「最新情報」「豊富なデータ」「役に立つ知識」を提供しています。本誌との連動はもとより、読者のみなさんとのコミュニケーションの場として展開中です。

http://www.jr-soccer.jp/

リアルタイムに情報配信中！

Facebook
https://www.facebook.com/jrsoccer.support

Twitter
公式アカウント　@jr_soccer_

[DVD INTRODOCTION]

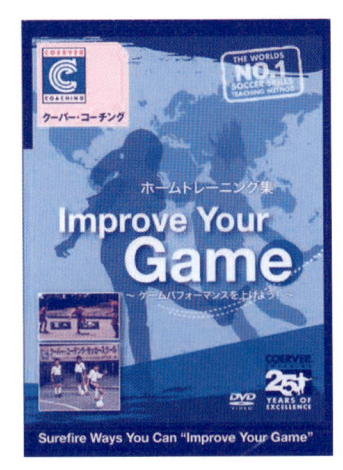

Improve Your Game
【DVD】

ひとりでできる、友だちとできるホームトレーニング集。3枚組ＤＶＤでサッカー選手に必要な基本プレーから身体づくりまで総合的に解説!!

定価：10,000円（＋税）

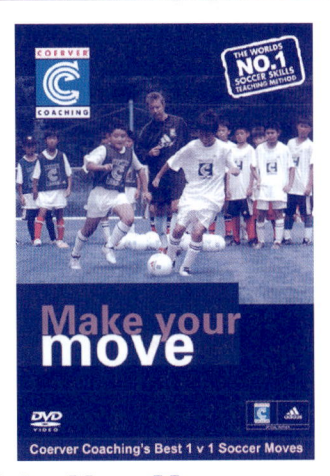

Make Your Move
【DVD】

実際のゲームで１ｖ１スキルを「どのように（How）」「なぜ（Why）」「いつ（When）」「どこで（Where）」利用するかを3巻セットでわかりやすく解説!!

定価：10,000円（＋税）

Session Planner
指導者のためのチーム練習ドリル【DVD】

U8～U16まで各年代に適した練習メニューを紹介！ボールマスタリーの練習方法から、ミニゲームのバリエーションまで100個以上のメニューを収録!!

定価：10,000円（＋税）

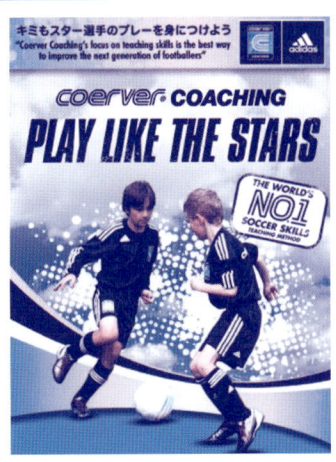

PLAY LIKE THE STARS
【DVD】

サッカーを始めたばかりの選手から上級者まですべてのレベルの選手が楽しく手軽にできる!! 自主トレーニングメニューをたくさん収録。

定価：3,000円（＋税）

［カンゼンのスポーツ書籍案内］

ジュニアサッカー クーバー・コーチング
キッズのトレーニングメニュー集
ボールマスタリー34

著者：アルフレッド・ガルスティアン／チャーリー・クック
定価：1,600円（＋税）
ISBN：978-4-86255-096-9　**DVD付**

■「クーバー・コーチング」による
　ひとりでできるキッズ向け練習メニュー集！

ドリブルやパス、フェイント、ファーストタッチなどを確実に
スキルアップさせるキッズ年代のサッカー教科書。

ジュニアサッカー クーバー・コーチング
キッズの一人でできる練習メニュー集
ボールマスタリー45

著者：アルフレッド・ガルスティアン／チャーリー・クック
定価：1,600円（＋税）
ISBN：978-4-86255-289-1　**DVD付**

■シリーズ第１弾を上回る
　ボールマスタリー45のメニューを紹介!!

「クーバー・コーチング」で取り入れられている"自宅で""ひ
とりで"できる練習メニュー集。

クーバー・コーチング サッカー 365日使える！
小・中学生のチーム練習ドリル100

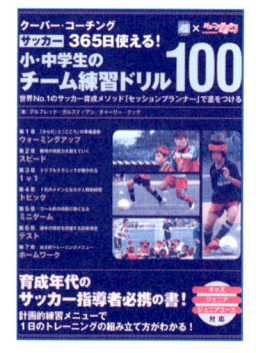

著者：アルフレッド・ガルスティアン／チャーリー・クック
定価：2,300円（＋税）
ISBN：978-4-86255-116-0

■個人の基礎技術からチームの能力を
　上げるための練習メニュー100

クーバー・コーチングの育成メソッド「セッションプランナー」
をもとに、練習メニューをドリル形式で100種類紹介。

リフティング王 土屋健二の
ジュニアサッカー リフティング教室

監修：土屋健二
定価：定価1,600円（＋税）
ISBN：978-4-901782-99-9　**DVD付**

■DVD＆マンガで
　リフティングのすべてがわかる！

ペレからも賞賛されたリフティング技術を持つ男、土屋健二が
教える！　楽しく覚えて実戦で使える教本です。

お問い合わせは　株式会社カンゼン　**TEL：03-5295-7723**
ホームページはこちら　http://www.kanzen.jp/

DVD 小・中学生のための
走り方バイブル2
1時間で速くなる！快足トレーニング編

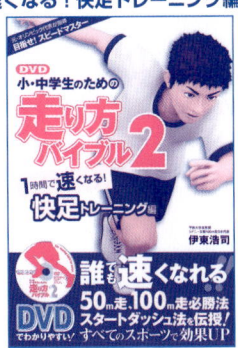

著者：伊東浩司
定価：1,600円（＋税）
ISBN：978-4-86255-057-6　**DVD付**

■6つのトレーニングで
誰でも速くなれる

スタートダッシュ法やバトンパス法、50m必勝法など、実戦的トレーニングが満載。的確なトレーニングでタイムを縮める！

DVD 小・中学生のための
走り方バイブル

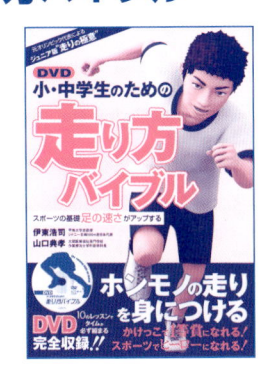

著者：伊東浩司／山口典孝
定価：1,500円（＋税）
ISBN：978-4-86255-009-5　**DVD付**

■かけっこで一等賞！
スポーツでヒーローになれる！

元オリンピック代表選手・伊東浩司氏直伝！ジュニアのための"走りの極意"を解説する。

乾貴士のサッカーフリースタイル
神技リフティングバイブル
スゴ技スペシャル

監修：乾貴士
定価：1,600円（＋税）
ISBN：978-4-86255-092-7　**DVD付**

■魅惑のボールマジック
ウルテク43を徹底解析！

日本人屈指のドリブラーが伝授する"超一流の"リフティングとフェイントテクニックを完全収録。

柿谷曜一朗のサッカー
スーパーテクニックバイブル

監修：柿谷曜一朗
定価：1,600円（＋税）
ISBN：978-4-86255-256-3　**DVD付**

■天才・柿谷が魅せる至極の
ファーストタッチコントロール

最大の武器である『ファーストタッチ』を中心に、『止める』『蹴る』『運ぶ』の技術など、計31種類が収められている。

111

[著者]	クーバー・コーチング・ジャパン
[装丁デザイン]	山内宏一郎（SAIWAI design）
[本文デザイン]	葉山彰子
[企画・編集]	株式会社レッカ社
	斉藤秀夫　下間大輔
[写真・編集サポート]	岩本勝暁
[DTPオペレーション]	森脇隆（Design-office OURS）
[デザインマネージメント]	Design-office OURS
[DVD撮影・編集]	中丸陽一郎　武内秀文
[DVDオーサリングマネージメント]	K.N.コーポレーションジャパン

ジュニアサッカー
クーバー®・コーチング バイブル
1対1に強くなるトレーニング

発　行　日	2009年7月11日
	2015年4月10日　第3刷　発行
監　　　修	アルフレッド・ガルスティアン
発　行　人	坪井義哉
発　行　所	株式会社カンゼン
	〒101-0021
	東京都千代田区外神田2-7-1開花ビル4F
	TEL 03(5295)7723
	FAX 03(5295)7725
	郵便為替00150-7-130339
印刷・製本	株式会社シナノ

万一、落丁、乱丁などがありましたら、お取替え致します。
本書の写真、記事、データの無断転載、複写、放映は、著作権の侵害となり、禁じております。

ISBN 978-4-86255-039-2
Printed in Japan
定価はカバーに表示してあります。

© COERVER COACHING JAPAN CO.,LTD 2009

ご意見、ご感想に関しましては、kanso@kanzen.jpまで
Eメールにてお寄せ下さい。お待ちしております。